bj

MARIE CURIE
La descubridora del radio

Mercedes Gordon

Casals

Directora de la colección: Mercedes Álvarez

© 1999, by Mercedes Gordon y Editorial Casals, S. A.
Tel. 902 107 007
www.editorialcasals.com
www.bambulector.com

Diseño de cubierta: Bassa & Trias
Fotografías: Aci, Aisa, Album, Corbis / Cordon Press.
La fotografía de la casa natal de María Curie es de Memorino.
Ilustraciones: Farrés, il·lustració editorial

Cuarta edición: enero de 2011
ISBN: 978-84-218-4792-3
Depósito legal: M-396-2011
Printed in Spain
Impreso en Anzos, S. L., Fuenlabrada (Madrid)

*A Paloma, María y Teresa,
y a todas las niñas que serán mujeres en el siglo XXI.
En María Curie ellas y todos los jóvenes tienen
un ejemplo de amor al trabajo vocacional
y a la familia.*

Una chica muy inteligente

Una fuerte nevada cae sobre Varsovia, (hoy capital de Polonia, entonces ciudad dependiente de San Petersburgo) el 7 de noviembre de 1867. Ese día nace María Salomé Sklodowska, aunque su familia le llamará con el diminutivo de Mania. Sus padres son profesores. Viven en la calle Freta, número 16, y ya tienen cuatro hijos: Sofía, Bronislawa (Bronia), Hela y José, que es el único chico. María es la pequeña de la familia. La bautizan en la iglesia de Santa María.

Desde pequeña, la rubia y dulce Mania sobresale por tres cualidades que serán su mejor equipo para la vida. Lo dicen sus padres, sus profesores y sus hermanos:

—Tiene una memoria de elefante, una capacidad de concentración sorprendente y un afán enorme por aprender.

Los antepasados de María eran granjeros y campesinos asalariados en las tierras del señor de Sklody, cuyo nombre llevan de apellido según las antiguas costumbres. El abuelo de María consiguió estudiar y ser maestro. El padre logró prosperar más y llegó a profesor de instituto. La madre de María procedía de una rica familia, arruinada. También era profesora y directora de un colegio para chicas, donde ella misma había estudiado.

Corren tiempos muy duros. Tras la revolución de 1830, en la que los polacos reclamaban sus libertades y querían desembarazarse de la custodia rusa impuesta por el Congreso de Viena, la reacción del Zar después de aplastar la rebelión es hacer desaparecer Polonia convirtiéndola en una provincia rusa y dejar a Varsovia como ciudad dependiente de San Petersburgo.

Los polacos son un pueblo eslavo de religión católica que por su ubicación geográfica ha sufrido desde mediados del siglo XVII las ambiciones de sus poderosos vecinos: Austria, Rusia y Prusia. Tres veces Polonia fue repartida entre ellos, hasta la Revolución Francesa. El Congreso de Viena la colocaba como reino «independiente» bajo la tutela del Zar, situación que no soportaban los patriotas polacos. Austria se había quedado con la región llamada Galitzia y Prusia con las zonas del Báltico.

Desde 1831, cualquier intento de sublevación contra el Zar era castigado con la deportación a Siberia o con la exclusión de todo trabajo administrativo. El comercio y la incipiente industria polaca habían sido desmantelados y la rusificación del país alcanzaba cotas humillantes. Los tíos de María habían participado en las rebeliones frente a Rusia. El padre, sin embargo, había decidido hacer su resistencia desde el ambiente intelectual. Aparentemente se plegaba y aceptó dirigir un instituto oficial ruso en Varsovia. La preparación de las nuevas generaciones será su aportación a la causa polaca.

Como sus hermanos, María recibe una educación basada en los principios religiosos católicos, en el trabajo, en el estudio y en el respeto a los mayores.

Entre las anécdotas familiares se cuenta que María, a los cuatro años, dejó asombrados a todos. Estaba Bronia, tres años mayor que María, aprendiendo las primeras letras con su padre y tardaba en deletrear la cartilla, cuando María quitándole la palabra a su hermana leyó sin vacilar la frase. El silencio que se produjo al oírla le hizo creer a la niña que había hecho algo mal y pidió perdón:

—No lo he hecho adrede, es que es tan fácil...

Un día en el colegio, a los diez años, mientras asiste a la clase de historia con su hermana Hela, dos años mayor que ella, parece no prestar atención. En ese momento la maestra le interroga sobre Poniatowski, personaje de la historia polaca. Se pone en pie asustada, pero contesta de un tirón:

—Estanislao Augusto Poniatowski fue elegido rey en 1784. Era inteligente; conocía los problemas que debilitaban al reino y les buscaba remedio. Desgraciadamente era un hombre de poco carácter.

Otra vez, a esa misma edad, durante el rato de estudio, haciendo los deberes en casa al volver del colegio, estaban los cinco hermanos en el mismo cuarto. De pronto, se produce un alboroto molesto entre los que repiten las lecciones en alto y los que juegan. Pero María ni se entera, sabe aislarse y concentrarse de tal forma que sus hermanos se burlan de ella. Una tarde Bronia y Hela le gastan la pesada broma de rodearla con sillas construyendo una pirámide. Sólo cuando se derrumba produciendo un ruido terrible, en medio de las sonoras risas de sus hermanas, María se sobresalta. No se había enterado de lo que hacían a su alrededor.

—Es una idiotez —les dice mientras se frota el hombro alcanzado por una silla.

Y, muy digna, se va de la habitación con el libro en la mano.

Éste es ya uno de los rasgos de su personalidad que se va formando. No tiene mucho sentido del humor. Se toma todo en serio. Y esto será también para ella un manantial de fuerza para afrontar las durezas de la vida.

Ya desde el colegio experimenta las dificultades de su condición de polaca: allí sólo se puede hablar en ruso. Oficialmente no se trata para nada la historia de Polonia, aunque se enseña a pesar del riesgo a las represalias. Por eso, uno de los recuerdos más humillantes de su infancia es el de la visita del inspector ruso señor Hornberg a su clase. El inspector pide a la maestra, señora Tupcia, que se llame a una alumna para interrogarla. Llama a María porque es la más lista y aplicada; tiene cierta astucia para contestar a los inspectores y siempre ha dejado al colegio en buen lugar.

—Di tu oración —reclama Hornberg.

Y María recita el Padre nuestro en ruso. Es la gran humillación que imponen al pueblo polaco.

El interrogatorio sigue:

—¿Cuántos son los zares desde Catalina II? Di los nombres y títulos de la familia imperial. ¿Quién nos gobierna?

María contesta fríamente, sin inmutarse, sin equivocarse, en un ruso perfecto, de acento impecable. Pero la niña está tensa y se siente humillada. Cuando el inspector se marcha, satisfecho, la maestra abraza a María y la besa en la frente, entonces ella rompe a llorar.

María conoce demasiado pronto las penas fuertes de la vida. Su hermana mayor, Sofía, que tanto mimaba a la pequeña de la familia, muere víctima del tifus en 1876, dos años más tarde muere también la madre, la señora Sklodowska, que desde que nació Mania, padece la entonces incurable enfermedad de la tuberculosis. María no ha podido abrazar nunca a su madre ni besarla. La señora Sklodowska había renunciado con todo rigor a estas ternezas con sus hijos para evitarles el contagio.

En casa de los Sklodowski las desgracias nunca vienen solas. Después de la muerte de su hija mayor y de su esposa, el señor Sklodowski pierde una cantidad de dinero que había prestado a su hermano para un negocio y, por si fuera poco, a ese disgusto se añade que en el instituto le rebajan el sueldo y el cargo. La familia tiene que reducir gastos, cambiarse a una casa más sencilla y buscar más medios para sobrevivir. Abren la casa a estudiantes huéspedes. Todos los hermanos recordaban esos tiempos y decían siempre:

—En casa había austeridad en lo económico, pero opulencia en lo intelectual. Teníamos lo que más deseábamos: cultura, saber, conocimientos.

Muchos años más tarde María hablaba del ambiente familiar de su niñez a sus hijas Irene y Eva que le preguntaban sobre su vida en Varsovia. Eva lo cuenta así en la biografía que escribió de su madre:[1]

Al anochecer, después de la cena que era temprano, se hablaba de ciencias, se leía literatura francesa, rusa y polaca.

---

1. *La vida heroica de María Curie, descubridora del radio, contada por su hija Eva Curie.* En España fue editada por Espasa Calpe.

9

Allí manejé los primeros instrumentos de estudio de la física, de la que mi padre era profesor.[2]

A los quince años María es una adolescente delicada y frágil, cabellos rubios rizados, ojos gris claro y blanca tez eslava, con un rostro despejado y agradable aunque su figura resulta más menuda que la de sus hermanas. Ha acabado sus estudios secundarios a la vez que Bronia, en el Liceo ruso de Varsovia. Las dos sacan notas estupendas y reciben la medalla de oro de los mejores estudiantes. María ha demostrado ser una chica muy inteligente y trabajadora. Sus profesores dicen:

—Es una chica magníficamente dotada. Es una alumna brillante.

Pero nadie supone lo que María llegará a ser. Ha realizado un esfuerzo enorme en ese momento delicado de su adolescencia y su salud se ha resentido. Tiene mareos y a veces se pone muy nerviosa. El médico de la familia diagnostica problemas nerviosos.

María lo explicará a sus amigas:

—Lo que me pasa es por el crecimiento y el estudio.

Entonces, el señor Sklodowski, acaso asustado por la reciente muerte de su mujer y de su hija mayor, decide enviarla al campo, a casa de unos primos que viven fuera de la capital. Allí la dejará recuperarse tranquilamente durante todo un año.

Este es un año clave en la vida de María. El tiempo de identificarse con la naturaleza, de amarla y saborearla, de entenderla. Escribe a sus hermanos:

---

2. Las palabras que aparecen en cursiva son fragmentos de textos originales de los escritos de María Curie.

—No puedo creer en la existencia de la geometría y del álgebra. Las he olvidado completamente.

En Zwola no fue todo ociosidad: daba clases a los niños de la casa. Pero la joven se abandona a la alegría de vivir en contacto con la naturaleza, vive el cambio de las estaciones, aprende a nadar, se baña en los ríos, se convierte en una perfecta amazona y descubre las imponentes montañas de los Cárpatos coronadas de nieve, pobladas de abetos. Y además están las fiestas de carnaval; las carreras en trineo; el *kulig*, esa fiesta con baile regional de Cracovia, que le entusiasma tanto como las mazurcas y que comenta así en una carta:

—Estuve en un *kulig*... No puedes imaginarte qué divertido y arrebatador es. Ah, qué alegre es la vida en Zwola. Siempre hay mucha gente y reina un ambiente que no os podéis imaginar.

Después de medio siglo de heroicos trabajos, María recordaba esos días felices, luminosos, que fueron un paréntesis entre las tristezas de su infancia y la austeridad y el esfuerzo de la vida que iba a vivir. Escribe con una intuición de adivina:

—Puede ser que nunca más, en toda mi vida, me divierta así.

Tiene 16 años, se ha convertido en una chica atractiva, sana, alegre, honesta y sensible. Como sus hermanas habla cinco idiomas, sabe bordar, tocar el piano, dibujar. Y ha terminado los estudios secundarios. ¿Qué va a hacer? ¿Casarse? No lo descarta, pero no es su principal objetivo.

El sacrificio de una idealista positiva

El año de vacaciones ha terminado. María regresa a su querida Varsovia. En casa de los Sklodowski ya no hay niños. José es un muchacho deportista que estudia medicina. Bronia lleva la casa y trabaja mucho. Hela, la más bonita de las hermanas, estudia canto. María se incorpora a la familia llena de incertidumbres y algo desorientada por los meses de lejanía y descanso, pero se siente feliz al volver al lado de su padre a quien ama tiernamente y al que considera casi un sabio. Realmente sus conocimientos son muy amplios, está al día en física y química, materias de las que es profesor, sabe griego y latín además de cinco lenguas vivas: polaco, ruso, alemán, inglés y francés. Bajo la severidad del padre y profesor, el ambiente familiar es de un nivel intelectual poco corriente. María se siente muy a gusto.

El señor Sklodowski quiere que todos sus hijos se preparen intelectualmente lo mejor posible para ganarse la vida. Sabe que tienen capacidad y poseen dones que pueden desarrollar. Pero se lamenta de no tener medios económicos y le duele más que nunca el dinero que perdió en el negocio de su hermano. Si tuviera medios económicos podría enviar a Bronia y a María a estudiar a la universidad, que es la gran ilusión de ambas, pero resulta que la universidad de Varsovia tiene cerradas sus puertas a las mujeres. Por tanto, la única solución para las chicas polacas era marchar a Francia. Las universidades de Berlín y de San Petersburgo están en manos de los opresores de Polonia y los jóvenes patriotas no quieren ir a ellas.

París se había convertido en el sueño dorado de muchos polacos, que en pleno siglo XIX consideraban a la ciudad francesa como la capital cultural del mundo, además era la meca de las libertades. Bronia y María ambicionan lo que para ellas aparece como un imposible: estudiar en la Sorbona.

Por el momento, esos proyectos son irrealizables y la vida aprieta. Los Sklodowski viven con una austeridad que es casi pobreza. Las chicas tienen que arreglar y dar la vuelta a sus vestidos que son siempre los mismos y los cosen y recosen, recordando que su madre incluso les remendaba los zapatos en casa.

Un día, sin decir nada a nadie, María decide cortar sus bucles rubios con gran asombro de sus hermanas. Tal vez este gesto es como una señal de que toma conciencia de entrar en una nueva etapa de su vida, porque al mismo tiempo ha empezado a dar clases particulares. Ha puesto un anuncio: «Lecciones de aritmética, de geometría, de francés, por joven diplomada. Precios módicos.» Cobra medio rublo por hora. Bronia hace lo mismo y las dos hermanas se convierten en profesoras. Así se ganan algún dinero y pueden ahorrar para cuando vayan a París, como le dice a su padre.

Es entonces cuando en la Varsovia ocupada, los intelectuales polacos tuvieron una iniciativa genial. Crean la llamada «universidad volante». Querían enseñar a los obreros, ilustrar a las clases medias y a las masas populares. En casas particulares, los mejores maestros en letras, en filosofía y en ciencias daban conferencias a grupos de personas ansiosas de saber. Tenían la idea de que en la cultura está la llave del progreso social que desean para sus compatriotas.

María y Bronia participaban en estas clases clandestinas que unos días eran por la mañana y otros por la noche, y siempre en casas diferentes para evitar problemas con la policía zarista. Pero a la policía, más que los intelectuales de la universidad volante, le inquietaban los estudiantes que empezaban a agruparse.

Hay una foto que es todo un símbolo de este momento de su vida. Aparecen en ella las dos hermanas y esta dedicatoria: *A una positivista ideal, dos idealistas positivas.* La foto es el recuerdo que las chicas han regalado a una compañera de la universidad volante por su cumpleaños.

Son días de trabajo, de llevar la antorcha del conocimiento a las obreras de un taller de confección, para quienes crean una biblioteca. *No podemos esperar construir un mundo mejor sin mejorar a los individuos,* comentan en los apasionados debates de la universidad volante. Son días también de lecturas heterogéneas y apasionadas que dejarán su huella.

Como otros jóvenes de la época, las dos hermanas ponen la ciencia por encima de la literatura. Bronia se decidirá por la medicina. María hace ya tiempo que está enamorada de la física y de la química, y de los instrumentos rudimentarios con los que su padre le enseña. Como buenas polacas, a las dos hermanas les mueve la necesidad de servir a su país y a la humanidad.

María hará de la ciencia una religión, y dejará la religión de lado. Un día comenta a su prima Enriqueta Michalowska, junto a la que había hecho su primera comunión, que el choque que le produjo la muerte de su hermana Sofía y de su madre había sido tan fuerte que había caído en la indiferencia, situación que, por otro lado, le duele y que definirá como «una felicidad perdida».

La realidad es que, fallecida la piadosa señora Sklodowska, su esposo, indiferente y casi librepensador, no se había preocupado de mantener la fuerza de la fe en sus hijos. Sin embargo, María mantendrá de por vida valores esenciales del cristianismo y el afán por la verdad absoluta que ella busca en la ciencia.

María está muy unida a Bronia, la hermana mayor, que le dará durante toda su vida el cariño y la seguridad maternal que le falta. Dar clases y ejercer como ama de casa tienen contrariada a la joven que no para de hacer cuentas para ver cuánto necesita para irse a estudiar medicina a la Sorbona. Es un tema de continua conversación entre las dos. Una noche María sorprende a Bronia con una idea genial y asombrosa:

—¿Dime cuántos meses puedes vivir en París con esos ahorros tan escasos?

—Puedo pagarme el viaje, la matrícula y todo un curso.

—Pero Medicina es una carrera larga, por lo menos de cinco años.

—Es verdad, por eso me preocupa.

—Tengo una idea. ¿Y si nos aliamos las dos? Si vamos cada una por nuestro lado no lograremos nada.

—¿Qué propones, Mania? Dilo de una vez, por favor. Me intrigas.

—Utiliza tus ahorros y vete. Mientras, yo trabajaré y te enviaré lo que gane que te servirá para el segundo año. Además hay que contar con que algo te dará papá, ¿no?, así continuaremos hasta que termines la carrera.

—Pero, ¡qué dices! ¡Estás loca!, eso no lo consiento —exclama Bronia con lágrimas de emoción—. Además, ¿cómo vas a ganar ese dinero con las clases que sólo dan una miseria?

—Es que tengo un plan. Voy a colocarme de institutriz, así ya tengo casa, alimentación, ropa y un sueldo íntegro para guardar que como poco será de cerca de cuatrocientos rublos. ¿Ves como puede ser?

—Mania, Mania, ¿y por qué no hacemos al revés? Te vas tu primero y luego me marcharé yo. Tú estás mejor preparada y eso es un dato que se ha de tener en cuenta.

—No, Bronia. Piénsalo bien. Tú tienes veinte años y yo diecisiete. Es mejor que vayas primero tú. Cuando termines y te instales, serás tú la que me ayudarás a mí.

Bronia seguía protestando y negándose a los planes que le propone María, pero ésta consigue al fin convencerla:

—Lo que yo digo es lo más inteligente y lo más eficaz —declara María, contundente y persuasiva, con su innato sentido práctico.

Al conocerse la determinación de las dos hermanas, el señor Sklodowski y toda la familia aceptaron con admiración la generosidad, la solidaridad y el heroísmo de Mania, y no intervinieron para intentar cambiar los planes de las chicas. Sin esperar a más debates familiares María acudió a una agencia de colocaciones.

Estaba terminando el verano. María se había recogido el cabello rubio sobre la nuca y se había vestido con un traje oscuro que le hacía parecer mayor. Además llevaba con aplomo una cartera en la que había metido sus credenciales, es decir, su diploma de bachiller y los certificados que los padres de sus alumnos le habían proporcionado para acreditar su experiencia docente. Realmente María tenía madera de buena profesora, enseñaba muy bien, estaba dotada para ello, como habían demostrado los resultados que sus alumnos habían obtenido en los exámenes.

La empleada de la agencia la sometió a un interrogatorio riguroso.

—¿Qué idiomas habla?

—Alemán, ruso, polaco y francés. Inglés algo menos, pero lo suficiente para enseñar el contenido de los programas oficiales —venciendo su timidez, le explica a la empleada que ha terminado el bachillerato con la medalla de oro, tan valorada por la sociedad de Varsovia.

—¿Y cuánto quiere ganar?

—Cuatrocientos rublos anuales, la comida y el alojamiento.

—Pero, dígame ¿qué edad tiene?

—Estoy a punto de cumplir los dieciocho años; será el próximo 7 de noviembre.

En la agencia de colocación rellenaron una ficha en la que escribieron: María Sklodowska. Buenas referencias.

Capacidad. Plaza solicitada, institutriz. Salario, cuatrocientos rublos anuales. Y le dijeron a la joven que cuando hubiera algo le avisarían.

Bronia se ha marchado a París donde comienza sus estudios. La ilusión de cumplir su sueño se empaña por la nostalgia de haber dejado a la heroica Mania en Varsovia ya colocada como institutriz en casa de un abogado.

En vísperas de las Navidades de 1885, María escribe a su prima Enriqueta:

«Desde que nos separamos, mi existencia ha sido la de una prisionera. Me coloqué en esta casa, en la familia de un abogado. Ni a mi peor enemigo le desearía que viva en tal infierno... He ganado algo conociendo a la especie humana. He aprendido que los personajes descritos en las novelas existen y que no hay que entrar en contacto con las gentes a las que la fortuna ha desmoralizado.»

Al aceptar una colocación en Varsovia antes que otras que le ofrecían en provincias, María ha buscado permanecer lo más cerca posible de su padre y de sus amigos de la universidad volante. Así su sacrificio es más soportable. El choque con la realidad a través de aquella familia, modelo de una burguesía orgullosa y egoísta, le hace reflexionar y pensar que será mejor aceptar aquel otro trabajo que le ofrecieron, incluso mejor pagado (quinientos rublos), pero lejos; a tres horas de tren y tres más de trineo desde la capital. Después de comunicar la idea a su padre, María acepta el nuevo trabajo que hace su sacrificio aún más heroico.

El 1 de enero de 1886, María deja a su padre, a su familia, a su amada Varsovia y viaja al nuevo destino con un sentimiento muy fuerte de soledad, ella que ha vivido hasta ahora tan arropada por los suyos. Además se da cuenta de que siente temor ante lo desconocido, pues se trata de una familia de agricultores que explotan por su cuenta una parte de las tierras de los príncipes Czartoryski, situadas a cien kilómetros al norte de la capital, en Szczuki.

Pero esta vez ha tenido suerte. Un mes después de su llegada escribe a su fiel Enriqueta:

«Estoy bien. Los Zorawski son excelentes personas. He hecho con la mayor de las hijas, Bronka, de dieciocho años, una amistad que contribuye a hacerme agradable la vida. Mi discípula, Andzia, tiene diez y es una criatura dócil, pero muy desordenada y mimada. Trabajo siete horas al día, cuatro con Andzia y tres con Bronka. Es quizá demasiado, pero ¡qué se le va a hacer! Tengo una habitación grande, tranquila y apartada del resto de la familia.»

Los Zorawski forman una gran familia. Tienen siete hijos, además de las dos ya mencionadas, tres varones que están en Varsovia. Uno en la universidad y dos en el pensionado. Y además Stas de cinco años y Marychna de seis meses.

Con sus dotes de observación, describe la sociedad rural en la que viven los Zorawski, a quienes define como ricos pero no excesivamente ricos. La gente joven del lugar le resulta poco interesante. Desde su habitación ve un agradable aunque monótono panorama de campos de remolacha y la fábrica azucarera cerca de la casa. En el centro de ingenieros y directores encuentra una biblioteca donde le prestan revistas y libros.

No olvida ser «una idealista positiva» y apoyada por Bronka consigue la autorización del jefe de la familia para organizar una escuela para los hijos de los campesinos a los que enseñará la lengua y la historia polaca. La escuela se abre con diez alumnos pero en poco tiempo se dobla el número.

Tiene los días muy ocupados, pero saca tiempo para leer y estudiar por su cuenta. Con una fuerza de voluntad admirable por la noche estudia los libros de sociología y de física que saca de la biblioteca de la fábrica, y del mismo modo continúa el aprendizaje de las matemáticas, cuyas dificultades soluciona su padre por correspondencia. Aunque van pasando los años desde que Bronia se fue, Mania mantiene sus sueños de estudiar algún día en la Sorbona y se prepara como puede, con mucho esfuerzo, dificultades y de forma autodidacta.

Poco a poco define cuál será su vocación. Lo explicará ella misma cuarenta años más tarde al hablar con sus hijas:

—*Poco a poco descubrí mis preferencias reales, me convencí de que mis aficiones eran la física y las matemáticas.*

—Pero, madre, ¿cómo pudiste estudiar estando sola y trabajando? No debió de ser nada fácil —comenta Irene.

—*Mis estudios solitarios estaban erizados de dificultades. La formación científica recibida en el liceo de Varsovia era muy inferior al programa de bachillerato de Francia. Intentaba completarlo a mi manera, con ayuda de los libros. Este método no era muy eficaz. No obstante adquirí la costumbre del trabajo independiente y aprendí cierto número de cosas que me serían útiles años después.*

En una carta a Enriqueta comenta sus lecturas. Son confidencias epistolares, en las que demuestra una gran fuerza de voluntad, tenacidad y una mente abierta al saber. Estas cualidades van a convertirla en una de las grandes mujeres de su tiempo. Escribe a su hermano José:

«En este momento leo la física de Daniel, la sociología de Spencer en francés, y las lecciones de anatomía y de fisiología de Paul Bers, en ruso. Cuando me siento cansada o inepta para leer con provecho, resuelvo problemas de álgebra y trigonometría, que no soportan faltas de atención y vuelvo al buen camino.»

A María Sklodowska no le iba a ahorrar el destino un capítulo romántico de amores contrariados y humillados en casa de los Zorawski, en la que por su simpatía y bondad está siendo tratada casi como una más de la familia. Un día Casimiro, el hijo mayor que estudia ingeniero agrónomo en Varsovia, vuelve al hogar. La institutriz es una joven guapa, de buena figura con unas manos bonitas y el rostro agraciado rodeado por cabellos rubios, inteligente y buena, a la que todo el mundo aprecia. Él también es un joven atractivo y amable. Ambos se enamoran y hacen proyectos de matrimonio. Casimiro habla a sus padres para pedirles su aprobación y se desata la tormenta.

La mentalidad de los padres, propia de aquella época, no entiende que el joven heredero quiera casarse con una institutriz pobre, cuando puede aspirar a mejores partidos. Casimiro no se atreve a enfrentarse a ellos. Es hombre de poco carácter.

La situación es muy incómoda para María, que soporta la humillación de verse rechazada porque necesita el buen sueldo que gana. Su hermana, en París, aún no ha terminado la carrera y hay que seguir ayudándola. Después de pensarlo decide que es mejor aguantar, tragarse el amor propio y esperar, pero se muestra indiferente y se encierra en un mutismo educado.

La vida sigue, escribe a los suyos. Les da consejos. A su hermano José, ya todo un médico, le suplica que se quede en Varsovia en lugar de irse a provincias donde no podrá desarrollar su carrera. A su prima Enriqueta, que ha dado a luz a un hijo muerto, le acompaña en su dolor y le hace ciertas reflexiones filosóficas sobre los que tienen o no tienen fe y asegura: *en lo que a mí concierne, no contribuiré nunca voluntariamente a hacer perder la fe a nadie. Que cada cual conserve la suya mientras sea sincera. Sólo la hipocresía me irrita.*

Atraviesa días de melancolía, de depresión, pero ella es siempre fiel a su primer principio, «no dejarse abatir ni por los seres ni por los acontecimientos». Con todas sus fuerzas espera la hora de regresar definitivamente a vivir con su padre, de recobrar su independencia. Los tres años de exilio familiar han cambiado física y moralmente a María.

A finales de junio de 1889 termina su contrato con los Zorawski. Es un gran alivio para ella dejar a esa familia que la ha rechazado y volver a casa. El señor Sklodowski ha conseguido un trabajo duro pero rentable como director de un correccional de niños, empleo que ha aceptado para ayudar a sus hijas.

Bronia escribe a María para que no le mande más dinero y le pide a su padre que de lo que le envía vaya retirando diez rublos al mes para ir devolviéndole a su hermana cuanto le prestó. Además da la noticia de que trabaja y tiene novio, Casimiro Dluski, polaco y compañero de la universidad, estudiante de medicina como ella.

María encuentra su tercer empleo como institutriz en Varsovia, en casa de una familia muy rica que vive con gran lujo. La señora se encariña con ella y hace que participe en todas las fiestas, bailes y reuniones. A ella no le va esa vida, ni ese lujo, ama la austeridad y la pobreza casi franciscana que practicará toda su vida.

Bronia le escribe y le anuncia que prepara su boda con Dluski. Él ya es doctor y a ella le falta un examen. Se quedarán un año en París y le ofrecen su casa para que empiece a estudiar allí y a cumplir los sueños de su vida.

Acostumbrada al sacrificio por los demás, contesta en tono pesimista; dice que ahora se debe a su padre y a su hermana Hela y que cuando termine su contrato de trabajo pasará aún un tiempo con su padre que, debilitado por la edad, la necesita. Escribe a Bronia:

«Había soñado con París como la redención, pero desde hace mucho la esperanza del viaje me ha abandonado. Ahora que se me ofrece no sé qué hacer.»

Al fin vuelve a vivir con su padre y encuentra una paz que tras los años de alejamiento le hace un gran bien a su espíritu. Recupera las conversaciones intelectuales y se incorpora de nuevo a la universidad volante. Pero lo más importante que le ocurre en ese tiempo de espera es que por primera vez puede trabajar en un laboratorio.

Es como encontrarse con ella misma. Uno de sus primos, director del museo de la industria y de la agricultura de Varsovia, le abre las puertas de los laboratorios que se amparan bajo ese nombre para evitar sospechas rusas. Acude por las noches y los domingos por la tarde. Sus manos se familiarizan con los tubos de ensayo, las balanzas, los alambiques... Intenta reacciones descritas en los manuales y, sobre todo, se despierta en ella un interés especial por la investigación de laboratorio. Nunca olvidará aquellas horas de grato aprendizaje de autodidacta.

Bronia sigue insistiendo desde París en todas las cartas para que se decida a ir a vivir con ella y a empezar los estudios en la Sorbona. Pero no obtiene contestación afirmativa, su hermana sigue dando largas.

Ese verano, María se encuentra de pronto en Zakopane, al pie de los Cárpatos, en la Polonia austríaca, con Casimiro Zorawski, al que, sin duda, todavía ama. El señor Sklodowski desearía que María pudiera casarse con el joven para que su hija predilecta no se aleje de su lado.

Bajo los abetos Casimiro le expresa de nuevo sus temores y sus dudas frente a sus padres. Pone objeciones de clase. Se muestra débil y no aclara sus propósitos frente a la joven.

María le replica con dignidad:

—Si usted no ve el medio de aclarar nuestra situación, no soy yo quien ha de enseñárselo.

Esta nueva decepción es el detonante que hace reaccionar a María y le lleva a tomar una decisión. Se da cuenta de que va a cumplir los veinticuatro años y aún no ha comenzado a realizar sus más queridos proyectos. Así que escribe a Bronia una carta contundente, casi un SOS:

«Te pido una contestación definitiva pues estoy dispuesta a ir. Dime si puedes tenerme en tu casa. Tengo con qué pagar los gastos. Me podéis colocar donde sea y no os molestaré.»

Bronia, que ya no se esperaba nada, contesta entusiasmada a vuelta de correo:

«Ven, querida Mania. Te esperamos.»

Dos licenciaturas en la Sorbona

Un día de otoño de 1891, una joven polaca de veinticuatro años baja del tren en la estación del Norte de París. Han salido a recibirla su hermana con el marido, porque la viajera llega con tantos bártulos como en una mudanza. Se trae desde el colchón y las mantas, al té que consumirá abundantemente. Varias maletas de madera y paquetes atados con cordeles. Está radiante pero en su rostro se refleja el cansancio de treinta y tantas horas de viaje en cuarta clase, pasadas en una silla plegable que es la forma más barata de hacer el trayecto de Varsovia a París. Ha pasado la noche sin dormir, excitada por la emoción de matricularse en la Sorbona y pensando que, al fin, sus sueños se van a cumplir. No sabe ella hasta qué punto en París va a realizarse su destino.

París es como el faro del mundo, en ese fin de siglo, cuenta con dos millones y pico de habitantes. La torre Eiffel lleva dos años convertida en el símbolo del progreso, aunque algunos aseguran que es fea y la critican. Hay luz eléctrica en los grandes bulevares y los anuncios del famoso salón de baile, Moulin Rouge, son de Toulouse Lautrec. Ya hay teléfono en algunas casas, máquina de

27

escribir en muchas oficinas y bicicletas por las calles, aunque aún no se ha inventado el cine.

Francia tiene una sociedad burguesa y liberal en la que la clase obrera lucha exigiendo sus primeros derechos. La Tercera República, presidida por Sadi Carnot, vive sacudida por las huelgas y por las rivalidades parlamentarias entre los liberales y los socialistas. Pero estas cuestiones no le interesan a la joven polaca que sólo sueña con la física y las matemáticas.

Se instala en casa de los Dluski, Bronia y Casimiro, que viven en la calle de Alemania (ahora bulevar de Jean-Jaurés) y le han adjudicado una habitación pequeña pero acogedora con ventana sobre la arboleda de la calle. Para ir a la universidad toma un ómnibus de dos caballos que atraviesa toda la ciudad hasta dejarla en el bulevar Saint Michael. María respira los aires de libertad tan soñados después de los años de institutriz. Se matricula dando un toque francés a su nombre porque escribe en los impresos Marie Sklodowska. A los profesores y compañeros les cuesta mucho pronunciar ese apellido. La conocerán por su elegante tipo eslavo y sus cabellos rubios, por la pobreza de sus vestidos, por la dignidad de su rostro firme y voluntarioso y por el dato que tanto comentan sus compañeros:

—Es la extranjera que ocupa la primera fila en clase de física.

La Sorbona en 1891 era un palacio en obras y los alumnos cambiaban de aula según avanzaban las patrullas de obreros. Una incomodidad que no afectaba a los cursos.

Al atravesar por primera vez el patio, María ha leído en la pared blanca junto a la portería: *Facultad de Cien-*

cias, los cursos se inaugurarán el 3 de noviembre, y al lado un laberíntico cartel de horarios, aulas y nombres de asignaturas y de profesores. Quiere cursarlas todas para lograr el título de Licenciada en ciencias.

No le resultan fáciles los comienzos. Su francés no es tan bueno como creía; sus conocimientos científicos adquiridos de forma autodidacta tienen muchas lagunas, pero no se asusta, se esforzará y se pondrá al día. Estudia con gran provecho con los hombres de ciencia más admirados de la Sorbona. Sus grandes maestros son el matemático Paul Appell y el físico Gabriel Lippmann.

Encuentra sus amistades universitarias entre la colonia polaca del barrio latino: dos estudiantes de matemáticas, las jóvenes Kraskowska y Dymska, el doctor Motz, el biólogo Danysz, el joven Wojciechowski, futuro presidente de la Polonia libre en 1918. Con ellos celebra fiestas e incluso una vez hace teatro, representa alegóricamente a Polonia, con gran éxito. Al enterarse de ello, el señor Sklodowski le escribe para aconsejarle que huya de significaciones políticas que nada tienen que ver con la ciencia. María nunca echa en saco roto los consejos de su padre, le hace caso y no vuelve a intervenir en ninguna actividad de ese tipo. Con el tiempo se alegrará. En realidad a ella todo el tiempo le parece poco para dedicarlo a los libros y a la universidad.

Cada vez se concentra más en las clases, los estudios, el laboratorio, las bibliotecas… y decide instalarse en alguna buhardilla cercana a la Sorbona para ahorrar el tiempo de los trayectos en ómnibus y el que la vida hogareña con los Dluski le exige. En realidad se lleva muy bien con Casimiro, al que tiene un afecto fraternal, pero reconoce que con su carácter extrovertido le distrae y le hace perder tiempo de estudio. Por otra parte, Bronia espera su primer hijo y María piensa que el hogar ha de ser para ellos. Se va de la casa diciendo que ya está aclimatada a su nueva vida parisién y no necesita tutores.

Por cuarenta rublos al mes (cien francos de finales del siglo XIX) alquila una habitación en el número 3 de la calle Flatters. A su hermano José le cuenta lo contenta que está:

«Tengo una pequeña habitación, cómoda y barata. En un cuarto de hora puedo estar en el laboratorio y en veinte minutos en la Sorbona. Trabajo mil veces más que antes.»

Desde este momento, María se encierra como en una celda y lleva una vida austera. Destierra toda distracción para poder entregarse en cuerpo y alma al estudio. A veces se olvida de comer; otras veces lo hace también para ahorrar. Su presupuesto no da para calefacción, luz, alquiler, comida, vestidos, matrículas, libros… y corta por donde le parece mejor. Durante muchos días su única comida es pan con mantequilla y té. Cuando decide hacer gastos extra compra huevos, chocolate o fruta. Este régimen de vida la conduce a una anemia que se nota en su delgadez y en la palidez de su rostro, incluso se ha desmayado alguna vez. Bronia y Casimiro se preocupan y la regañan sin conseguir que cambie tanta austeridad, y de vez en cuando la llevan a su casa y le hacen comer un buen bistec.

De la calle Flatters, cambiará al bulevar Port-Royal y de éste a la calle de las Feullantines. Todas las habitaciones serán poco confortables y con escasos muebles porque no tiene dinero para más. Pero es feliz, extraordinariamente feliz, sobre todo en el laboratorio de física de la Sorbona. Le gusta el ambiente de la investigación, el silencio casi sagrado en que se trabaja. El estudio es lo suyo y ha comunicado a su padre que quiere sacar dos licenciaturas, la de físicas y la de matemáticas.

María conserva sus apuntes de clase en cuidados cuadernos de hule gris. Tiene una caligrafía clara y regular. Años después de su muerte, un famoso grafólogo cuyo nombre desconocemos, que estudió esos cuadernos, explicaba a sus hijas Irene y Eva la personalidad y carácter de su madre.

—Era un espíritu reflexivo y prudente. Sus principales facultades consistían en un fuerte entusiasmo y la perseverancia en el esfuerzo. Poseía una mente metódica y maduraba toda decisión mediante el razonamiento.

—¿Cómo era su psicología emocional? —indagaba Eva.

—Su sensibilidad era muy viva; le gustaba replegarse en una vida interior poco accesible a los demás.

—Es cierto, incluso con nosotras mantenía esa reserva —reconoció Irene.

—La escritura demuestra que era de conciencia escrupulosa y algo mística, con un carácter leal y seguro, en donde los nervios son domados por la voluntad de vencer sus debilidades.

En 1893 obtiene su licenciatura en ciencias físicas y es la primera de su promoción. Ese verano se permite unas vacaciones. Vuelve a Varsovia para estar un par de meses con su padre. Por muchas penurias que tenga que pasar, su plan es volver a París y estudiar matemáticas.

Sin embargo la suerte le sonríe esta vez y la cuestión económica se resuelve gracias a una beca rusa que se concede a los alumnos brillantes para estudiar en el extranjero, la Alexandrowitch. La policía rusa no encuentra reparos en dársela a María. Al recibir la noticia de la beca comentó con su padre:

—Qué razón tenías papá, cuando me aconsejabas que no me metiera en política.

—Cuánto me alegro Mania de que hicieras caso. Ahora tienes tu pago y nunca mejor dicho.

La beca está dotada con seiscientos rublos y ella se siente como si le hubiera tocado la lotería. Años más tarde, cuando cobre su primer trabajo, destinará seiscientos rublos para entregarlos a la secretaría de las becas Alexandrowitch, con la ilusión de que sirvan a otra joven estudiante polaca. Este es su talante, generoso. No quedaría tranquila su conciencia sin ese gesto.

El curso siguiente obtiene la licenciatura en ciencias matemáticas con el segundo puesto de la promoción. María recordará siempre aquellos cuatro años de esfuerzos, de aislamiento, de privaciones, de estudio intenso, pero también de intensa felicidad:

Se puede no tener de qué vivir y vivir intensamente, de esos años tengo uno de los mejores recuerdos de mi vida, escribe en su diario.

Ha cumplido su sueño dorado. Ya es doblemente licenciada. En la comida que Bronia prepara para celebrarlo, Casimiro le toma el pelo diciéndole en un brindis:

—Cuñada, ha terminado la época heroica de tu vida.

Esta frase de Casimiro Dluski no resultará nada cierta. A María le esperan años aún mucho más heroicos pero también felices.

Una amistad científica y una boda

La dedicación a la ciencia no impide la llegada del amor. En su caso hay que decir que lo facilita, aunque no contaba con ello. María, tan dada a las soledades intelectuales, conoce cuando ya está terminando su segunda licenciatura, la de matemáticas, a un físico muy interesante, Pedro Curie.

Es primavera. Corre el año 1894. María sabe que sacará airosamente en junio la licenciatura de matemáticas y piensa en su trabajo futuro. Se interesa por el estudio de las propiedades magnéticas de ciertos metales, porque ha conseguido un encargo de investigación de la Sociedad de fomento de la industria nacional. Está trabajando sobre ello en el laboratorio de su gran maestro, el físico Gabriel Lippmann, pero las muestras de los metales con los que trabaja son un estorbo para un laboratorio como ese, siempre agobiado de encargos.

Un físico polaco, José Kowalski, profesor de la universidad de Friburgo, viaja a París con su mujer. Resulta que su esposa es una antigua amiga de María, de sus tiempos de institutriz en Szczuki. María les visita en la pensión donde se hospedan y habla con el profesor de las dificultades que encuentra para su investigación.

—Tengo la solución. Te puede ayudar Pedro Curie que es el supervisor de la Escuela de química y física industriales. Mañana vendrá a tomar el té con nosotros. Vente tú también y te lo presentaré.

Tras la presentación, mantuvieron una conversación sencilla:

—¿Va usted a quedarse en Francia cuando acabe sus estudios?

—No lo sé. Voy a terminar a principios de verano la licenciatura de matemáticas y luego iré de vacaciones a Varsovia. Me gustaría volver a París pero no sé si tendré medios. Pienso que ejerceré de profesora en Polonia y procuraré ser útil a la sociedad.

Así se conocieron y después de la reunión María y Pedro se fueron a cenar juntos. Ella evocó para sus hijas ese primer encuentro con estas palabras que definen perfectamente lo que ella vio en él.

—Cuando entré, Pedro Curie estaba de pie delante de la ventana que daba a un gran balcón. Me pareció muy joven, aunque tenia entonces treinta y cinco años. Me llamó la atención su mirada clara y una especie de ligero abandono en su figura. Era alto. Su palabra un poco lenta y reflexiva, su sencillez, su sonrisa a la vez grave y joven inspiraban confianza. Iniciamos una conversación amistosa sobre cuestiones científicas. Me interesaba conocer su opinión. También hablamos de cuestiones sociales y humanitarias que nos interesaban a los dos. Había entre su concepción de las cosas y la mía, pese a la diferencia de edad y nuestros países de origen, una sintonía sorprendente, atribuible sin duda a cierta analogía en la atmósfera moral en la que cada uno de nosotros había crecido en familia.

Tiene veintiséis años y a pesar de sus soledades no le han faltado en París pretendientes polacos a los que no ha dado nunca esperanzas. El amor de sus veinte años, Casimiro Zorawski, es ya sólo un recuerdo lejano. Uno de sus admiradores parisinos ha llegado al extremo de tomar barbitúricos para que se fije en él. María exclama al enterarse:

—Ese joven no tiene el sentido de las prioridades.

A Pedro le ha impresionado María, tan atractiva por su inteligencia como por su gracia:

—He conocido pocas veces mujeres de tanto ingenio.

Este es el comentario de Pedro a su amigo Kowalski.

Salen algunas veces. Se hacen confidencias. Hablan de sus familias. Pedro vive a las afueras de París con sus padres. Tiene un único hermano, Jacques, al que está tan unido como María a Bronia, pero que es un extrovertido, muy distinto a él. Está casado, vive en Montpellier y trabaja en la facultad de ciencias. Se cuentan anécdotas de la infancia. El padre de Pedro es médico, hijo de médico, de origen alsaciano. Ha sido el mentor de sus dos hijos. Pedro a los catorce años se interesó por las matemáticas, y ha demostrado tener un don especial para la abstracción en la que se mueve como pez en el agua. Junto a su hermano Jacques, ha investigado sobre el calor, los cristales, el magnetismo y la electricidad. En 1878 le nombraron asistente de laboratorio de la universidad de París.

Y cuando conoce a María es ya supervisor de la Escuela de física.

Sin duda María y Pedro tienen muchos puntos en común, no sólo en el campo científico y en la formación intelectual recibida durante la infancia en el ambiente familiar. Los domingos van a caminar juntos por el campo y han descubierto que hay más cosas que les unen intensamente, porque los dos aman la naturaleza y perderse caminando por los bosques de los alrededores de París mientras comentan sus trabajos.

Ella le habla de su investigación sobre los aceros, él de sus inventos: una balanza magnética y un electrómetro que permite medir las corrientes eléctricas de poca intensidad, instrumento que será de gran utilidad para las posteriores investigaciones de María.

María le escucha embelesada y le hace preguntas. Pedro está encantado con esta mujer que le entiende cuando le explica su interés por saber si hay transiciones desde el punto de vista de las propiedades magnéticas entre los tres estados de la materia. Precisamente este es el objeto de las investigaciones de su tesis doctoral, en la que avanza lentamente.

Pedro es un físico muy apreciado en los ambientes científicos internacionales y especialmente en Gran Bretaña, donde los progresos de las investigaciones de Curie atraen la atención de lord Kelvin, gran maestro de la física en ese final del siglo XIX.

Pero ella no se siente comprometida sentimentalmente, aunque comprende que está a gusto al lado de Pedro, a quien admira y en quien confía cada día más. María se marcha de vacaciones a Varsovia y no habla de Pedro a su familia. Siempre ha sido reservada con sus cosas. Sin embargo, los dos se escriben con frecuencia. La correspondencia es elocuente. Pedro le escribe cartas de amor y de cuestiones de física. Él sabe que es la compañera ideal de su vida. Intenta atraerla. Teme que se quede en Polonia. No quiere perderla y llega a proponerle ir a Varsovia donde podría dedicarse a dar clases de francés y luego investigarían juntos... Le escribe:

«Sería hermoso pasar la vida uno junto al otro realizando nuestros sueños: vuestro sueño patriótico, nuestro sueño humanitario, nuestro sueño científico... sobre todo este último, donde creo que podemos intentar hacer algo».

María no se pronuncia ante esta declaración. Está dividida entre sus dos primeros amores: Polonia, donde tiene todas sus raíces, y la ciencia para la que se siente destinada. Sabe que los ambientes científicos franceses le ofrecen mayor capacidad de acción, lo ha comentado con Pedro que le repite siempre tranquilizándola:

—La ciencia es tu destino.

Ambos entienden la ciencia como la investigación pura, totalmente desinteresada, sin fines lucrativos no prácticos. Son unos idealistas.

No les preocupa el aspecto práctico de los descubrimientos, cosa habitual en aquel entonces entre muchos científicos. No se sentían llamados a ser inventores. En realidad éste era el aire que se respiraba en los ambientes intelectuales y científicos franceses y españoles. Por esos mismos años, más o menos, Miguel de Unamuno pronunció la famosa frase de «que inventen ellos». Sin embargo, el final del siglo XIX fue tiempo de inventos prácticos: el telégrafo, el teléfono, el fonógrafo, la máquina de escribir, la rotativa, el coche, las vacunas, el cinematógrafo, el submarino, el avión, etc. Y todos esos inventos iban mejorando la vida de la gente. Pero para los científicos puros como los Curie, de momento, la vida cotidiana no es algo que les concierna. Su meta la trasciende.

Pedro sigue cortejándola en sus cartas, pero manteniendo el tratamiento de vos. En una de ellas le dice:

«Me he permitido enseñar vuestra foto a mi hermano que os encuentra muy bien y dice que tenéis aire de ser decidida e incluso testaruda.»

Al fin ella le escribe anunciando que regresa a París, y que se alojará en una habitación de la consulta de su hermana Bronia, en la calle Chateaudum, 39. Los Dluski viven en otro piso, en el barrio de la Villete. Pedro busca apoyo en sus futuros cuñados para convencer a María porque está muy enamorado. Además de su delicada belleza eslava, le atrae y fascina su entrega total para el trabajo, su firmeza, su nobleza, su rectitud de carácter.

Bronia le recomienda a María en varias conversaciones íntimas que no deje pasar el amor, que Pedro es el hombre que le conviene, que parecen haber nacido el uno para el otro. Insiste para que acepte la invitación de los padres de Pedro para que los Dluski y ella vayan a comer con ellos. No sin temor, recordando que ya fue rechazada una vez por la familia de Casimiro Zorawski, María, que se autodenomina «la extranjera pobre», accede a conocer a los padres de Pedro que viven en pleno campo, en Sceaux, en un chalet acogedor, amueblado con gusto. Los libros abundan en la casa y las lilas en el jardín.

El doctor Curie y María congenian. Desde los primeros saludos de presentación todos se han dado cuenta de que se agradan mutuamente. El viejo doctor lleva en la mandíbula la marca de una bala recibida durante su juventud cuando tomó parte en la revolución de 1848. Sigue siendo un hombre vehemente y discutidor, muy distinto de su hijo Pedro, a quien no le gusta entrar en cuestiones políticas como en la que en esos días divide a Francia por el caso Dreyfus. Un capitán de artillería, francés de raza judía, acusado de espionaje al servicio de Alemania, que despierta rencores antisemitas y que será condenado al exilio de por vida ya que la pena capital fue suprimida en la Constitución de 1848 aún vigente.

Pedro Curie defiende su tesis doctoral sobre el magnetismo. Su investigación pasará a los libros de física como la ley Curie. En el anfiteatro de la Sorbona se encuentran María y los padres de Pedro. El doctorando replica con autoridad y rapidez a todas las objeciones que le plantean los grandes maestros, como Bouty, Lippmann y Huatefeille, que forman el tribunal. Pedro obtiene un gran éxito.

La joven está encantada y llena de admiración por este hombre tan sabio, agradable y que tiene tantos sentimientos e intereses en común con ella. Sin embargo, está sufriendo un duro proceso en su conciencia delicada y hasta escrupulosa que le hace pensar, más que en ella misma, en los deberes para con su familia y su patria humillada. Da vueltas en su cabeza al hecho indudable de que su matrimonio con Pedro la alejará de su padre a quien tantas veces ha prometido volver a su lado para acompañarlo en su ancianidad, piensa que se convertirá en una francesa y perderá su nacionalidad polaca e incluso su apellido, lo que le parece una deslealtad para con su patria. Todo ello la atormenta, pero al final el amor podrá más.

María se ha decidido y escribe a una amiga:

«Cuando recibas esta carta tu Mania habrá cambiado de nombre. Voy a casarme con el hombre del que te hablé en Varsovia el año pasado. Me resulta doloroso quedarme para siempre en París. Pero, ¿qué hacer? El destino ha hecho que nos hayamos atraído mutuamente y que no podamos soportar la idea de separarnos... Todo se ha decidido en poco tiempo. Durante un año he dudado. Por fin me he reconciliado con la idea de establecerme aquí...»

Su hermano José apoya la boda y le dice:

«Ahora que eres la novia del señor Curie te envío mis más sinceros deseos de que encuentres a su lado tanta felicidad y satisfacción como mereces a mis ojos y ante todos aquellos que conocen tu excelente corazón y tu carácter. Mil veces prefiero saberte en París, feliz y contenta, antes que verte regresar a Polonia quebrantada por el sacrificio de una vida entera y víctima de una concepción demasiado sutil de tu deber...»

María se prepara para su nueva vida practicando las tareas del hogar de las que sabe poco. Salvo coser, habilidad que aprendió en las labores escolares, nunca ha entrado en la cocina. En su vida de institutriz primero y de estudiante después no ha habido lugar para ocuparse de la gastronomía. Por eso acude a su hermana Bronia, ama de casa experimentada, además de buen médico, para que le dé unas nociones de cocina casera. Incluso se compra un libro de recetas: *La cocina burguesa* y anota al margen sus experiencias.

No habrá gastos especiales para el vestido de novia. El presupuesto de la joven pareja es módico. Tendrán que vivir con escasez, una asignatura que la novia domina. Así que aconsejada por su hermana, encarga a una costurera del barrio el vestido que le regala la señora Dluski, la suegra de Bronia. Es azul marino porque María quiere que sea sobrio y práctico para poder ponérselo para ir al laboratorio. La intelectual polaca convertida en novia mantiene en vigor sus conocidos ideales de austeridad que no abandonará jamás.

El 26 de julio de 1895 amanece un día cálido y luminoso en París. La boda se celebra en Sceaux con la asistencia de las dos familias y muy pocos amigos íntimos. La señora Curie organiza el festejo: una comida, en los jardines de su casa de la calle de los Sablons.

El señor Sklodowski, más orgulloso que nunca de su Mania, haciendo un aparte, susurra al oído del viejo doctor Curie con voz muy emocionada:

—Va a tener en María una hija digna de su afecto. Desde que está en el mundo jamás me ha dado el menor disgusto.

Por su parte, la madre de Pedro ha comentado a Bronia durante el almuerzo:

—No hay en el mundo un ser que valga lo que mi Pedro.

Entre los regalos de boda, ha llegado un cheque enviado por unos primos polacos. Los novios han decidido comprar dos bicicletas con ese dinero. Las bicicletas estaba de moda tras su invención en 1850. Llenaban las calles de París y de Londres.

En ellas hacen el viaje de luna de miel, pedaleando felices. Será el primero de los muchos paseos y viajes en bicicleta que, en adelante, realizarán para tomar contacto con la naturaleza, respirar aire sano, distraerse y fortalecerse después de las largas sesiones de laboratorio. Cuando monta en bicicleta María se pone un sombrerito que sujeta los cabellos de su moño rubio, y así aparece en las fotografías que se conservan de esas excursiones.

Después de recorrer en las flamantes bicicletas carreteras y senderos de la Isla de Francia, quizá una de las más hermosas regiones de ese país, la joven pareja regresa a París con la felicidad reflejada en sus rostros. María, radiante, le dice a su marido que tiene una idea estupenda. Pedro la apoya y con otra cantidad procedente de los regalos de boda alquilan una granja en pleno campo, cerca de Chantilly, llamada La Biche, es decir, La cierva. Allí terminan el verano y allí reúnen, durante el mes de septiembre, a la familia de María: el señor Sklodowski, Hela, Bronia y su marido, con su hijita Helena y la abuelita. Casi todos los días se suman a la hora de comer los padres de Pedro, los señores Curie. La vida en La Biche transcurre apaciblemente en un clima de total felicidad que todos recordarán como «aquellos días de paraíso».

Este es un momento de gran bienestar para María y Pedro que se sienten rodeados de cariño. Las dos familias se han compenetrado perfectamente. El señor Sklodowski y el señor Curie dan grandes paseos y hablan de medicina y física, comentando la situación de sus países y la felicidad de sus hijos. Es un tiempo que Pedro aprovecha para iniciar su aprendizaje del polaco, mientras María completa ya sin complejos lo que ella denomina su afrancesamiento. Ya es madame Curie.

Gana las oposiciones de profesora y nace su primera hija

En octubre, madame Curie comienza su vida familiar y también de trabajo en equipo, en el mismo laboratorio de la Escuela de física y de química industriales de París. Su marido es desde hace diez años el jefe de trabajos y además tiene encomendadas otras tareas. El director Schützenberger, al que todo el mundo llama papá Schütz, ha autorizado que María trabaje allí, con la única condición de que ella corra con los gastos de sus investigaciones. Pero sólo cuentan de momento con el modesto sueldo de Pedro y ella ha decidido preparar las oposiciones para conseguir el diploma de profesora adjunta, que le permitirá dar clases en Francia y obtener un puñado de francos para completar el escaso presupuesto familiar. María escribe en esta época la primera publicación científica sobre las propiedades magnéticas de diversas aleaciones.

Los Curie, como todos les llaman en el barrio latino y en los medios científicos parisienses, viven con enorme sencillez en la calle de la Glacière, 24. Una casa cuyas ventanas dan a la arboleda del parque de Mountsouris, lo que para ellos es un verdadero lujo. El piso ha sido amueblado de la forma más funcional posible. No es tan austero como los cuartos de estudiante que había tenido María, pero poco le falta. Familiares y amigos hacen broma y les dicen que la casa tiene el «estilo Curie». María rechaza los muebles que le ofrecen sus suegros y no quiere tresillos, alfombras ni complicaciones que después haya que limpiar cada día. Se explica así: «pasamos más tiempo en el laboratorio que en casa y aquí también estudiamos».

Es decir, en el salón han instalado una mesa amplia para trabajar cada uno en un extremo, dos sillas y una gran librería, porque los libros son huéspedes bien recibidos. Sobre la mesa, una lámpara de petróleo y un ramillete de flores.

A las tareas de investigación, estudio y preparación de las clases, María suma las de ama de casa que, por sencillas que las organice, necesitan su tiempo. Hacer camas, limpiar, comprar, preparar las comidas, tener a punto la ropa de ambos y tantas cosas más. En la cocina María ha hecho grandes progresos y hasta inventa recetas fáciles y rápidas o que pueden hacerse a fuego muy lento mientras ella está en el laboratorio.

Antes de Navidad escribe a su hermano José para comunicarle cómo va su nueva vida. Le dice:

«En casa todo va bien. La vida es agradable. Poco a poco voy arreglando mi piso pero procuro conservar un estilo que no dé ninguna preocupación y que no reclame gran cuidado pues tengo poco servicio: una mujer que viene una hora diaria para hacer la limpieza extraordinaria. Yo hago la cocina y el arreglo diario.»

Al año de su matrimonio, María logra su propósito y obtiene el diploma de profesora con el primer puesto de las oposiciones. Los Curie están satisfechos. Comienzan otras vacaciones de correrías en bicicleta por los caminos de Francia, sin horarios ni presiones, a su aire. Ese verano tienen un nuevo punto de conversación: el tema de investigación que debe escoger María para su tesis doctoral, porque desea comenzar a trabajar cuanto antes.

Durante 1895 había ocurrido en el mundo científico alemán un gran acontecimiento que influiría poderosamente en los Curie. El físico alemán, Wilhelm Röntgen, profesor de la universidad de Würzburg, había descubierto unos rayos invisibles y penetrantes procedentes de un tubo eléctrico. Les dio el nombre de rayos X porque no sabía claramente lo que eran. Tienen potentes propiedades para atravesar la carne pero no los metales y los huesos. Durante varios meses mantuvo en secreto su hallazgo mientras experimentaba. Una de las primeras imágenes de rayos X fue la que obtuvo de la mano de su mujer y quedó asombrado: se veían todos los huesos e incluso el anillo de casada.

Los rayos X se hicieron famosos en poco tiempo y la noticia dio la vuelta al mundo. Las gentes quedaban admiradas al ver retratados los huesos de una mano. La prensa mundial comentaba el avance y los humoristas se inspiraban para sus viñetas. Sin embargo, la ciencia médica aún no había iniciado sus primeros pasos para utilizarlos en el campo de las aplicaciones sanitarias. Aún habrían de pasar lustros. María colaborará en su difusión durante la Primera guerra mundial cuando las radiografías, que aún no eran cosa común, se hicieron imprescindibles para localizar las balas de los heridos en los hospitales de campaña.

Sin embargo, el físico británico Thompson escribía en la prensa por aquel entonces:

«El mundo está presa de dos delirios, el de la bicicleta y el de los rayos X».

Los Curie siguieron con interés las comunicaciones científicas sobre los nuevos rayos. Al año siguiente hubo otro descubrimiento, debido esta vez al físico francés Henri Becquerel quien anunciaba que existían otro tipo de rayos penetrantes originados al parecer por un trozo de uranio, lo que los diferenciaba de los Röntgen, producidos por un efecto eléctrico.

Becquerel explicó que había dejado dentro de un cajón donde no entraba nada de luz, un trozo de uranio envuelto en papel fotográfico y que había sellado el paquete. Días después comprobó que el papel fotográfico se había velado.

María leía con interés cuanto publicaba Becquerel, y después de consultarlo con Pedro, consideró que era algo muy interesante. En ese momento buscaba un tema para su tesis doctoral y decidió que investigaría sobre los rayos de Becquerel. Ella lo comentaba con su marido y Pedro la animaba.

El nuevo año 1897 le trae a María una feliz sorpresa: la llegada de su primera hija, Irene. La alegría de la noticia se enturbió porque coincidió con la preocupación de Pedro por el estado de salud de su mujer: se sentía débil, cansada y algunos días no resistía el trabajo del laboratorio ni permanecer de pie para manejar los aparatos con los que investigaba la imantación de los aceros. Se lo confiesa a su padre en la asidua correspondencia que mantiene con él:

«En estos últimos tiempos me he sentido muy delicada. Voy a tener un hijo y esta esperanza se manifiesta cruelmente. Desde hace dos meses tengo continuos aturdimientos de la mañana a la noche. Me fatigo, me debilito, tengo mala cara, me siento incapaz para el trabajo. Mi estado me duele aún más porque mi madre política está gravemente enferma.»

Por eso, al llegar el verano de 1897, el señor Sklodowski se instala en Francia para acompañar a María que va a pasar unas semanas de descanso junto al mar, en Port Blanc. Pedro tiene que quedarse en París porque su madre está muy enferma, tiene un cáncer. Se queda triste, echa de menos a su mujer, sólo piensa en el día en que puedan reunirse y le escribe cartas cariñosas:

«Mi alma se ha ido contigo. Pienso en el amor que llena mi vida.»

Por fin, Pedro viaja a Port Blanc entrado agosto. María está de ocho meses, pero se encuentra bien y la llegada de su marido la anima todavía más.

Sin pensarlo, ambos cometen la imprudencia de reanudar los paseos en bicicleta. María no lo resiste y su estado obliga a todos a volver a París donde el 12 de septiembre algo anticipadamente nace la primera hija de los Curie: un precioso bebé al que llaman Irene. La alegría por la primera hija se empañará con las lágrimas por el fallecimiento de la madre de Pedro.

El amor y la maternidad no la apartan de su pasión por la ciencia. No renuncia a sus investigaciones y consigue criar a su hija, llevar su casa y reanudar sus jornadas de laboratorio. Además prepara el trabajo sobre las imantaciones que publica en el Boletín de la Sociedad de fomento de la industria nacional. Un trabajo serio, profundo que despierta admiración y descubre la valía de esa joven polaca que se ha casado con Pedro Curie.

Sin embargo, María sigue delicada y los médicos, su cuñado Casimiro Dluski y el doctor Vauthier, médico de cabecera de la familia Curie, diagnostican una lesión tuberculosa en el pulmón izquierdo. Este diagnóstico alarma a todos porque recuerdan a la señora Sklodowski, que falleció de esa temible enfermedad en Varsovia cuando María era una niña. Aconsejan internarla en un sanatorio. Pero ella se opone con su habitual firmeza. El remedio para sus males ha sido siempre el trabajo. No va a cambiar ahora que tiene tantos proyectos.

Madame Curie se quedará en su casa, cuidará a su hija y trabajará en el laboratorio puesto que ya sabe a qué va a dedicar sus investigaciones para la tesis doctoral, su nueva y gran meta. No sabe ella lo importante que resultará esa decisión para la humanidad.

6
Descubre la radiactividad, el polonio y el radio

María ha seguido con interés el hallazgo realizado por el físico Becquerel sobre ciertos rayos fluorescentes y ha estudiado la comunicación presentada ante la academia de ciencias a la que en 1896 informaba:

—Las sales de uranio emiten rayos que, como los rayos X, penetran la materia.

A los Curie les apasiona el tema. María tiene treinta años y considera que ese es un buen campo para su tesis doctoral, se lo dice su instinto genial. Como todo lo que hace, quiere dar una aportación ejemplar, nada de vulgaridades. En una parada durante los habituales paseos en bicicleta, sentados sobre la hierba, charlando, María saca el tema:

—Pedro, esos rayos de Becquerel me atraen, me abren un campo de posibilidades que estoy dispuesta a aprovechar para mi tesis. ¿Qué te parece?

—Sí, María, me parece bien y estoy seguro de que hallarás algo importante.

—¿Me apoyarás?

—Siempre puedes contar conmigo.

—Lo primero que voy a necesitar es un lugar donde iniciar las investigaciones. Tengo la sensación de que en el laboratorio de la Escuela no será posible.

—No te preocupes, hablaré con papá Schültz. Alguna solución encontraremos.

Ella se pone a trabajar, sin saber que los rayos que ha encontrado Becquerel son la manifestación de fuerzas aún desconocidas concentradas en el corazón del átomo y que son el origen de lo que conocemos actualmente como energía atómica.

Efectivamente, el trabajo de María necesita un espacio amplio. Ya no puede seguir en el laboratorio de la Escuela. Pero como había previsto Pedro, papá Schültz soluciona el problema adjudicándoles, en la planta baja de los edificios que forman la Escuela de física, un local amplio y destartalado, una barraca con tejado de vidrio roto en algunos sitios que sirve también de sala de máquinas y da a un patio.

Es húmedo, lóbrego y frío; a veces la temperatura es de cuatro grados en invierno. En verano el calor es insoportable.

—Pienso en tu delicada salud, María. Éste no es el lugar adecuado, buscaremos otro…

Pedro no está conforme.

—Gracias, papá Schültz, gracias, este lugar me conviene, no se hable más, ya nos arreglaremos —dice María que teme quedarse sin ninguno.

No le importa la falta de comodidad ni le asusta el frío de París. Se defenderá con litros de té caliente, como en sus tiempos de estudiante.

María se siente muy feliz. Aunque indigna de ese nombre, habla de la barraca como de su laboratorio. Necesita material y se las ingenia para obtenerlo gratis. Utiliza el electrómetro inventado por Pedro que es trasladado al laboratorio de María y Pedro, en la calle Lhomond.

Con una muestra de uranio y gracias al electrómetro empieza a medir las cantidades de electricidad formadas en el aire por los rayos de uranio. Su objetivo es medir el poder de ionización de los rayos de uranio. Tiene una gran práctica experimental y unas manos de hada de laboratorio.

Pide a otros compañeros investigadores trozos de metales para someterlos a medición y ver si además del uranio hay otros metales que convierten el aire en conductor de electricidad.

—Lo que quiero, Pedro, es examinar todos los cuerpos químicos conocidos.

—Bien, pues te traeré la colección de la Escuela y podrás examinarlos.

—Me pregunto si los fenómenos observados en el uranio no se podrían dar en otros cuerpos.

Gracias a esta tarea, observa que el torio emite idénticos rayos a los descritos por Becquerel. También descubre que, pese a las distintas maneras de tratar al uranio y las sustancias que lo contienen, siempre despiden la misma cantidad de emisiones.

Para seguir con la investigación María necesitaba cantidades enormes de minerales. Su nombre era conocido en los ambientes industriales gracias a los trabajos que realizó para la Sociedad de fomento de la industria nacional mientras terminaba la carrera. Así, consigue que le envíen toneladas de pecblenda[3] y calcolita, minerales que contienen uranio. En el patio, frente al laboratorio, va almacenando las toneladas de mineral que le van enviando desde las minas de Saint Joachimstal, en Bohemia,[4] y las de Congo Belga.[5] Para obtener un gramo de radio hacían falta siete toneladas de pecblenda.

El método de trabajo que ha escogido María es muy duro físicamente hablando, pero resultará eficaz. Consiste en un sinfín de operaciones que realiza ella misma. Tiene que moler el mineral. Después criba el polvo conseguido, lo disuelve hirviéndolo, lo filtra, lo destila y hace pasar electricidad a través de él. Por último comprueba la pureza del contenido.

Terminado este proceso, toma aquello que despide más emisiones y lo depura aún más. Infatigable repite la operación una y otra vez. Vestida con un viejo capote manchado de ácido, rodeada del humo y el vaho de los cocimientos, María va y viene del patio al laboratorio que para ella es su reino.

Por la noche en la casa, el matrimonio Curie comenta los incidentes de la jornada y se plantean diversas cuestiones e incógnitas.

—¿De dónde sale esa energía mínima que desprende el uranio? ¿Cuál es la naturaleza de esas emisiones luminosas?

---

3. Mezcla sin purificar de rocas y sustancias que se extraen de la tierra.

4. Las minas eran entonces propiedad del Estado (Imperio austrohúngaro). Bohemia perteneció después a la República Checoslovaca, pero actualmente es parte de la República Checa.

5. El Congo Belga, fue llamado Zaire tras la independencia. Ahora se denomina Congo.

—Pedro ¿tú qué piensas?

—¿Y tú?

—Yo creo que procede del mismo uranio, de sus átomos.

—Lo tendrás que demostrar.

—Eso espero.

Con la gran intuición y la capacidad de observación de que estaba dotada rechaza la idea de que tales emisiones procedan de reacciones químicas. Apuesta por la hipótesis que contradice los conocimientos de la época, pero que resultará ser cierta: la idea de que proceden de los átomos del propio uranio.

A María y a Pedro les sorprendían los efectos luminosos de las emisiones, ya que ciertas sustancias resplandecen en la oscuridad del laboratorio como luciérnagas, con resplandores mágicos. A Pedro le gustaba llevar en el bolsillo algún trocito de estos metales luminosos que exhibía en las reuniones de amigos para fascinación de todos.

—Pedro, voy a llamar a estas emisiones luminosas, radiactividad.

—Está bien, es una denominación acertada.

Una palabra nueva creada para identificar el fenómeno de esos mágicos resplandores que les intrigan. Pedro le asiste en todo el proceso, pero él tiene su propio trabajo e investiga con los cristales. Es ya profesor del Politécnico cuando al comienzo del curso 1898 le aconsejan que se presente a la cátedra de física y química de la Sorbona, pero no la obtiene porque la gana el candidato de los matemáticos. Las intrigas universitarias siempre han estado a la orden del día, en todas las épocas.

Memorable fue el día en que María llamó a Pedro con un tono emocionado de voz.

—Esto es un elemento nuevo. Estoy segura.

—Es verdad, María, lo es.

Estaban ante el descubrimiento de un metal, un nuevo elemento.

—Tenemos que ponerle un nombre.

—Es tuyo, bautízalo tú misma.

—A mí me gustaría llamarle polonio.

—En homenaje a tu patria, ¿verdad?

—Pues claro.

El polonio fue el primer elemento radiactivo que se obtuvo en forma pura. Emitía tanta radiación que el aire a su alrededor resplandecía y el laboratorio adquiría un aspecto fantástico.

Los Curie aún no habían descubierto el radio cuya existencia intuyen y que eclipsará al polonio, el cual, sin embargo, tiene la propiedad, hallada años más tarde, de emitir únicamente el rayo alfa, de alta energía.[6]

María comenta a su hermana Bronia su secreto y le dice con mucha seguridad:

—La radiación de que te hablé, procede de un elemento desconocido. El elemento está ahí. Lo encontraré.

Al redactar el informe sobre estos trabajos que, en su nombre, presentaría su viejo profesor, Gabriel Lippmann, ante la Academia de Ciencias el 12 de octubre de 1898, María crea el adjetivo «radiactivo» para describir al uranio y al polonio que emiten penetrantes radiaciones.

---

6. En 1932 James Chadwick descubrirá, gracias al polonio, una de las tres partículas del átomo: el neutrón.

Pero María demuestra que pese a su potencia el polonio no es el causante de toda la radiactividad de la pechblenda. Y continúa con su esforzado trabajo, triturando, cribando, hirviendo, destilando los minerales durante años, hasta descubrir ese otro elemento al que llamó radius, que quiere decir rayo, y hoy conocemos con el nombre de radio.

El informe de 1898, leído por el profesor Lippmann en nombre de María, decía también:

Creemos que la nueva sustancia radioactiva encierra un elemento nuevo al que nos proponemos dar el nombre de radium.

Los Curie enviaban a otros laboratorios de otros países las muestras de sus sustancias radiactivas para que las conociesen y controlasen. Esto hacía que los trabajos sobre la radiactividad se difundieran. Los Curie eran conocidos en los más importantes medios científicos de fin de siglo.

María luchaba valerosamente por encontrar ese nuevo elemento, ayudada por Pedro, quien ante la envergadura de lo que se preparaba en el laboratorio de la calle Lhomond deja aparcadas sus investigaciones sobre cristalografía y se suma a las tareas de María. Todo lo hacían juntos y en los informes científicos escribían en plural «hemos encontrado», «hemos observado».

Semanas, meses, años, moliendo el mineral, cribándolo, disolviéndolo, filtrándolo, destilándolo... en esa especie de barraca miserable, buscando, aislando, preparando ese nuevo elemento, el radio, que María aseguraba que existía.

—¿Qué aspecto tendrá?, Pedro.

—No sé, me gustaría que tuviese muy buen color.

En 1902, logran, por fin, el primer gramo de radio de la historia. Han necesitado cuarenta y cinco meses desde el día en que comunicaron en medios científicos la probable existencia de ese elemento desconocido. Un gramo de radio permitía ya estudiar las propiedades físicas y químicas del nuevo elemento y establecer su documento de identidad.

Purificado al estado de cloruro, el radio es un polvo blanco y blando parecido a la sal común, pero sus propiedades son sorprendentes, como han descubierto los Curie. Su radiación es dos millones de veces más fuerte que la del uranio, desprende calor (el gas llamado helio) y emanaciones que se autodestruyen. Su luminosidad se aprecia de noche y hasta permite leer. Convierte la atmósfera en conductora de electricidad. Colorea en malva y violeta los recipientes de vidrio donde se coloca. Convierte en fosforescentes los cuerpos opacos, así sucede con el diamante y este efecto se utiliza en joyería para desenmascarar las imitaciones. Emite radiactividad y a su lado nada ni nadie se salva sin protección adecuada. Los radioelementos, aun cuando parecen inalterables, permanecen en estado de evolución espontánea y cuanto más rápida es su transformación más poderosa es su actividad.

María y Pedro habían abierto un nuevo capítulo de la ciencia y cerrado otro. La materia inorgánica evoluciona a través de los tiempos obedeciendo leyes inmutables.

Pionera de la ciencia y ama de casa

Al comunicar los resultados de sus investigaciones, María es reconocida universalmente como la primera mujer científica, una pionera de la ciencia. Los Curie se hacen famosos. La prensa mundial había dado noticia del descubrimiento del radio, pero en Francia no se les tiene demasiado en cuenta. Se confirmaba, de nuevo, el viejo proverbio de que nadie es profeta en su tierra.

Esta laboriosa investigación que se había prolongado durante cinco años, la realizaba María compaginándola con otros trabajos: las clases como profesora de física en la academia femenina de Sèvres y los cuidados de su casa, de su suegro, de su marido y de su hija Irene, su reina, que se va transformando en una chiquilla alegre y despierta.

A principios de 1900, los Curie habían cambiado de casa y se habían instalado en una casita con jardín en el bulevar Kellermann número 108. El doctor Eugenio Curie, ya jubilado y viudo, fue a vivir con ellos.

María está contenta porque aprecia y quiere a su suegro. Además le resulta de gran ayuda con Irene. Tenerle en casa le da tranquilidad si a la hora de comer no puede dejar su taller. Así tiene más libertad para entregarse a su trabajo. La vida de familia en casa de los Curie discurre serena, alegre, activa y feliz. Tienen además una empleada que les ayuda en la casa.

Anota en su diario de tapas grises:

He cogido ocho libras de fruta y la misma cantidad de azúcar cristalizada, después de una ebullición de diez minutos, he colado la mezcla por un tamiz muy fino. He obtenido catorce frascos de una gelatina no transparente que está muy buena.

La cocina es para ella como el laboratorio y en un cuaderno de tapas verdes apunta cuanto sucede: desde los seis grados de temperatura ambiente en invierno, a las ecuaciones de la investigación o si algún aparato se rompe y se arregla.

Los cuadernos de laboratorio de María, que se conservan en la Biblioteca Nacional de París, son radiactivos y lo serán durante muchos cientos de años; si alguien pretende leerlos, le advierten del grave peligro que corre.

No sólo los cuadernos han quedado afectados por la radiactividad, puesto que Pedro y María, que están en contacto con esos materiales de alto riesgo, sufren las graves consecuencias.

Familiares y amigos se preocupan por el aspecto del matrimonio Curie:

—Estáis pálidos y parecéis enfermizos, trabajáis demasiado.

—Bien sabéis que nos han diagnosticado un fuerte reumatismo —replica María, quitando importancia a las palabras de Bronia.

Nadie lo sabía aún, pero lo que tenían María y Pedro era una enfermedad producida por los efectos letales de la radiactividad a la que estaban sometidos durante las horas de laboratorio. Ellos mismos desconocían entonces esos efectos nocivos. Creían que todo su malestar era fruto del cansancio, por el enorme trabajo que estaban realizando sin ayuda, y del reumatismo que les habían diagnosticado los médicos.

Afortunadamente, les sentaba bien la costumbre de dar largos paseos a pie o en bicicleta en plena naturaleza, tanto en invierno como en verano, para compensar las largas jornadas de trabajo de día y a veces de noche en el laboratorio.

Por aquellos años de fin del siglo XIX, una amnistía decretada en la Polonia rusa permite a los Dluski volver a Varsovia y realizar el proyecto de Casimiro de abrir un sanatorio para tísicos en las montañas de Zakopane, en los Cárpatos, entonces la Polonia austríaca. María los despide con lágrimas y queda desolada. Escribe a Bronia:

«No puedes imaginar el vacío que habéis dejado. Vosotros dos érais todo lo que tenía en París, aparte de mi marido y mi hija. Ahora me parece que París no existe fuera de nuestra casa, del laboratorio y de la escuela donde trabajo».

El descubrimiento del radio ha sido para María un esfuerzo inmenso. Más tarde, comentará sobre aquellos años en que no tenía dinero, laboratorio ni ayuda y los definirá, refiriéndose a su marido y a ella, como «la época heroica de nuestra existencia común».

Recordará que en aquella miserable barraca transcurrieron los mejores y más felices años de la vida de ambos, enteramente dedicada al trabajo.

No era raro el día en que María no iba a comer a casa. Se quedaba en el laboratorio para no interrumpir alguna operación. A veces pasaba el día entero removiendo alguna masa en ebullición con una barra de hierro casi tan grande como ella. Pero era feliz.

Esa es la felicidad de la que le hablaba a Bronia en una carta escrita a fines de 1899:

«Tengo el mejor marido que pudiera soñar. No podía imaginar que iba a encontrar uno así. Es un verdadero don del cielo y cuanto más vivimos juntos, más nos amamos.»

Los Curie viajan a Polonia en 1899. Se reúnen en Zakopane con los Dluski, el profesor Sklodowski y todos los hermanos. Unos días de felicidad bien aprovechados, que serán compensación a otro viaje lleno de tristeza tres años más tarde, cuando, en mayo de 1903, muera el padre de María sin que ella llegue a tiempo para despedirse. Con su conocida sensibilidad, se acusa a sí misma de no haber estado a su lado, se atormenta y cae en una cierta depresión nerviosa que durará más de un año, aumentada por otras desgracias: un aborto de otra niña que deseaba mucho y la muerte del hijo de Bronia, víctima de una meningitis tuberculosa.

A María le preocupa también la salud de su marido. Pedro padecía agudos ataques de dolor que más tenían que ver con la radiactividad que con el reumatismo dictaminado por los médicos.

María ha terminado su tesis doctoral y la presenta en la Sorbona cinco años después del día en que la comenzó. Está ya rodeada por la fama de su hazaña científica, que es el motivo del retraso de este examen.

Es el 25 de junio de 1903 cuando en la sala de los estudiantes expone su trabajo titulado: *Investigaciones sobre las sustancias radiactivas, por Marie Sklodowska-Curie*. En el tribunal están los profesores Lippmann, Boury y Moissan, vestidos de frac. La doctoranda lleva un traje negro que su hermana Bronia, recién llegada a París para la ocasión, le ha obligado a comprar. El aula está llena. Asisten incluso las alumnas del colegio de Sèvres donde María da clases de física. Al explicar ese gran descubrimiento del siglo, la exposición es de tal brillantez y simplicidad que emociona a la sala.

El presidente del tribunal pronuncia la fórmula académica:

—La universidad de París le concede el título de doctora en ciencias físicas, con la mención de muy honorable.

Y a continuación, en nombre del jurado, la felicita calurosamente por su extraordinaria investigación.

María
Curie

CUADERNO DOCUMENTAL

Varsovia, la ciudad natal de María

Desde el siglo XVII, Polonia fue víctima de sus poderosos vecinos, Rusia, Prusia y Austria. Tres veces fue repartida entre ellos hasta la Revolución Francesa.

Varsovia, actual capital de Polonia, dependía en 1867 del zar ruso. Este había obtenido en el Congreso de Viena que Polonia quedara bajo su tutela, dependiendo directamente de San Petersburgo. Polonia no obtuvo la independencia de Rusia hasta después de la Primera Guerra Mundial (1914-1918). María Curie tuvo siempre un gran amor por su patria y por su ciudad natal.

Mapa de Polonia en el siglo XIX.

En 1918, el Palacio Real de Varsovia volvió a ser sede de la más alta autoridad de Polonia, en este caso del Presidente de la República y su cancillería.

El Palacio Real de Varsovia.

Plaza del Mercado
(Rynek Starego Miasta).

La familia Sklodowska

Los hermanos Sklodowski:
Sofía, Hela, María, José y Bronia.

María Curie con sus hermanas
Hela Szalay, Bronia Dluska y
su hermano José Sklodowski
en Varsovia, en 1912.

El 7 de noviembre de 1867 nace en Varsovia **María Salomé Sklodowska**, a quien su familia llama cariñosamente Mania. Su padre es profesor de instituto y su madre también era profesora y directora de un colegio para chicas. María es la pequeña de cinco hermanos: Sofía, Bronislawa (Bronia), Hela y José, que es el único chico.

María conoce demasiado pronto las penas fuertes de la vida. Su hermana mayor, Sofía, muere víctima del tifus en 1876, dos años más tarde muere también la madre, la señora Sklodowska, a causa de la tuberculosis.

El señor Sklodowski con sus hijas,
María, Bronia y Hela.

Casa natal de María Curie en Varsovia.

Los antepasados de María eran granjeros y campesinos asalariados. El abuelo de María consiguió estudiar y ser maestro. El padre logró prosperar más y llegó a profesor de instituto.

El señor Sklodowski quiere que todos sus hijos se preparen intelectualmente lo mejor posible para ganarse la vida. Sabe que tienen capacidad y poseen dones que pueden desarrollar. Pero no tiene medios económicos y no puede enviar a Bronia y a María a estudiar a la universidad, que es la gran ilusión de ambas. Finalmente, con muchos esfuerzos, sus hijas llegan a la Sorbona.

París, la capital del mundo

Calle de París en un día de lluvia, 1877. Gustave Caillebotte. Art Institute de Chicago.

En el siglo xix, **París** era la capital del mundo, la meta de todo intelectual, la ciudad más admirada de científicos, escritores, pintores e ingenieros del resto de Europa. En ella, pese a las turbulencias políticas, avanzaba el progreso. Era la ciudad de las Exposiciones universales, de inventos como el daguerrotipo, precursor de la fotografía y del cine, de los descubrimientos científicos, como los **rayos X** y el **radio**.

A París llega María un día de otoño de 1891, con 24 años, para estudiar y cumplir su destino. La ciudad tiene más de dos millones de habitantes, luz eléctrica en los grandes bulevares, teléfono en algunas casas, máquinas de escribir en las oficinas administrativas, algunas bicicletas por las calles por donde circula el transporte público aún en coches de caballos. La Torre Eiffel se alza orgullosa cerca del Sena como símbolo del progreso.

La Torre Eiffel, el monumento más visitado

La Torre Eiffel, que lleva el mismo nombre que el ingeniero que la diseñó, fue muy criticada en su época, y hasta había personas que daban un rodeo para no verla. Es el edificio más representativo de París. Su construcción finalizó en 1889, con más de dos millones de remaches. En 1909 estuvo en peligro de ser demolida, pero se salvó gracias a la antena que tenía en su extremo. En 1916 se utilizó para establecer comunicaciones transoceánicas para la telegrafía sin hilos.

Para Eiffel las vigas utilizadas eran necesarias para darle estabilidad frente a los vientos. Su altura supera los 310 metros, con tres niveles y ascensor. En los días despejados, desde el tercer nivel se puede ver hasta 67 kilómetros. Para pintarla se necesitaron alrededor de 52 toneladas de pintura. Es, fue y será la estrella de películas, documentales y videos. Es visitada actualmente por más de 5 millones de personas al año.

La Sorbona

Recién llegada a París, María se matricula en La Sorbona, la histórica universidad situada en el barrio latino y cerca de la Catedral de Nôtre Dame. En ella, María pudo descubrir la libertad intelectual y la independencia que tanto anhelaba. Obtuvo una licenciatura en Física, y luego otra en Matemáticas.

El nombre de la universidad proviene del colegio fundado en 1257 por Robert de Sorbon. Fue creado para facilitar el estudio de la Teología a jóvenes de toda Europa. El cardenal Richelieu fue elegido rector en 1602. En ella estudiaron personajes célebres y hasta santos, como Ignacio de Loyola (quien fundó la Compañía de Jesús en 1534), Francisco Javier, Pedro Fabro y Diego Laínez, uno de los famosos teólogos del Concilio de Trento.

La Sorbona fue cerrada durante la Revolución francesa y reabierta en 1808 por Napoleón. En el siglo XX, se utilizó para ocupaciones masivas como la de mayo de 1968. En 1970, la Universidad de París fue subdividida en trece universidades y La Sorbona quedó como la Academia de París.

La Sorbona en la actualidad.

Pedro Curie

Pedro Curie nació en París el 15 de mayo de 1859. Hijo de un médico, se licenció en Física en La Sorbona en 1878. Obtuvo la plaza de supervisor de la Escuela de Química y Física Industriales y en 1895 se tituló como Doctor en Física. Fue profesor en la Facultad de Ciencias en 1900, y en 1904 obtuvo la plaza de profesor titular. Murió el 19 de abril de 1906 a causa de un atropello en la calle.

Su trabajo sobre el magnetismo –junto con su hermano Jacques– y la radioactividad –después de su boda con María–, el descubrimiento del radio y del polonio, etc. crearon la base para muchas de las siguientes investigaciones en física nuclear y química. Pedro y María fueron galardonados con el Premio Nobel de Física en 1903, junto con Becquerel, por su estudio sobre la radiación espontánea.

Después de las largas sesiones de laboratorio, los paseos en bicicleta son perfectos para tomar contacto con la naturaleza, respirar aire sano, distraerse y fortalecerse.

El radio

El **radio** (del latín *radius,* rayo) es un elemento químico de la tabla periódica. Su símbolo es Ra y su número atómico es 88. Es de color blanco puro, pero se ennegrece con la exposición al aire. El radio es un alcalinotérreo que se encuentra mezclado con otros materiales en las minas uraninitas. Es extremadamente radiactivo, un millón de veces más que el uranio.

El radio fue descubierto en 1898 por María y Pedro Curie en una variedad de uraninita procedente de las minas del norte de Bohemia. Mientras estudiaban el mineral, los Curie retiraron el uranio de él y encontraron que el material restante aún era radiactivo. Entonces produjeron una mezcla radiactiva hecha principalmente de bario, que daba un color de llama rojo brillante y líneas espectrales que no se habían documentado por la ciencia anteriormente.

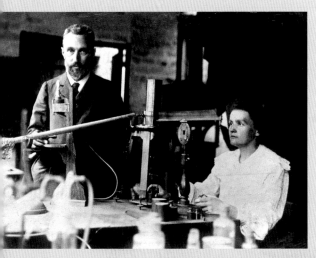

En 1902 el radio fue aislado por Pedro Curie y André Debierne en su metal puro.

El matrimonio Curie en el laboratorio, hacia 1902.

En 1895, **Wilhelm Conrado Röntgen,** físico alemán, descubrió los Rayos X. Fue el primero en llamar *Rayos X* a la radiación emitida por ser de tipo
desconocida. Más adelante, en sus experimentos
notó casualmente que esta radiación podía atravesar objetos materiales y dejar impresiones de
su paso a través de estos. Se dio cuenta al ver sus
propios huesos cuando sujetaba con su mano objetos
para la experimentación. En 1896 publicó su descubrimiento e hizo la primera demostración.

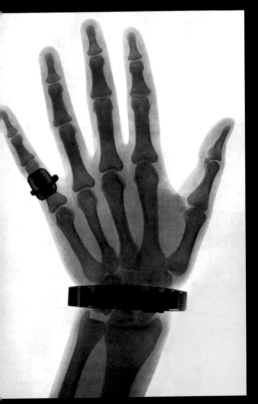

Los rayos X.

A María Curie le intrigaban
mucho estos rayos misterio-
sos. Los Rayos X son energía
electromagnética invisible, la
cual es utilizada, sobre todo,
en medicina para obtener o
sacar imágenes internas de los
tejidos, huesos y órganos de
nuestro cuerpo. Por medio de
este proceso, un especialista
puede determinar si los huesos
de un paciente están intactos
o rotos, tras un accidente, por
ejemplo. De la misma manera,
uno puede saber si tiene lesio-
nes internas o tumores en los
órganos. Por ello, Röntgen fue
galardonado con el primer
Premio Nobel de Física.

La Primera Guerra Mundial

El asesinato en Sarajevo del archiduque Francisco José de Austria por un serbio-bosnio de la organización «La mano negra» desencadenó la Primera Guerra Mundial (1914-1918). Los historiadores consideran que fue el primer conflicto moderno que incendió el mundo entero. Se utilizaron armas químicas y maquinaria hasta entonces desconocidas como tanques y submarinos. El balance de la Gran Guerra, como también se la llamó, fue de nueve millones de muertos y seis millones de inválidos. El orden mundial cambió tras ella.

Primera Guerra Mundial en París. Grupo de jóvenes sobre cañones utilizados como trofeo de guerra (1919).

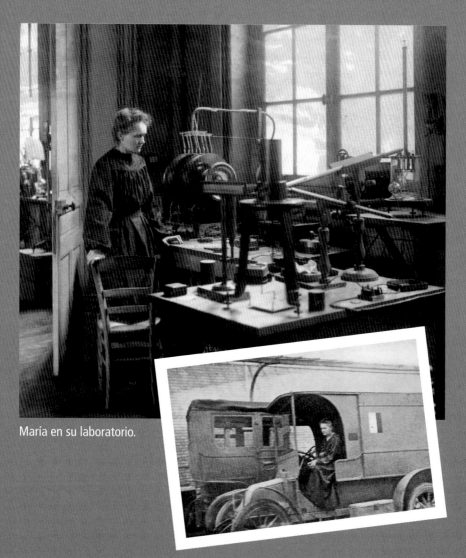

María en su laboratorio.

María fue una heroína durante la Primera Guerra Mundial (1914-1919). Se inscribe en el **Socorro Nacional** y se ofrece a la organización sanitaria del Ejército. Aprende a conducir y a manejar los aparatos de Rayos X. Organiza una flota de coches radiológicos con los que recorre los hospitales militares colaborando con los médicos y ayudando en las intervenciones quirúrgicas. Su entrega salvó muchas vidas. Toda Francia la admiró por ello.

Otros grandes científicos

ALFREDO NOBEL

Alfredo Bernhard Nobel (29 de julio de 1833 – 10 de diciembre de 1896), químico, inventor y filántropo sueco, nació en Estocolmo, Suecia.

De formación humanista y científica, fue un gran químico. Inventó la dinamita, utilizada para la minería. Ganó mucho dinero durante su vida. Consciente de que su invento estaba siendo utilizado para las guerras quiso compensar de algún modo a la sociedad. En su testamento dedicó gran parte de su fortuna a crear los premios que llevan su nombre. Estos premios se otorgan a personalidades de los diferentes campos de la ciencia y de las humanidades: medicina, física, química, literatura, y a aquellas personas destacadas que trabajan a favor de la paz. Los entrega la Academia Sueca una vez al año.

ALBERTO EINSTEIN

Alberto Einstein (Ulm, Alemania, 14 de marzo de 1879 – Princeton, Estados Unidos, 18 de abril de 1955) fue un físico de origen alemán, nacionalizado posteriormente suizo y estadounidense. Perseguido por los nazis, tuvo que huir de Alemania e instalarse en los Estados Unidos. Fue un gran amigo de María Curie. Idealista como ella, congeniaron. Ambos eran científicos de primera línea, tímidos y solitarios y les gustaba pasear. En cierta ocasión, Einstein declaró: «los ideales que han iluminado mi camino y me han proporcionado una y otra vez nuevo valor para afrontar la vida han sido: la belleza, la bondad y la verdad».

En 1905, siendo un joven físico desconocido, publicó su **teoría de la relatividad especial**. Halló que los objetos tenían que acortarse en la dirección del movimiento, tanto más cuanto mayor fuese su velocidad, hasta llegar finalmente a una longitud nula en el límite de la velocidad de la luz. En 1915 publicó la **teoría general de la relatividad**. Una de sus consecuencias fue el estudio científico del origen y evolución del Universo por la rama de la Física denominada Cosmología.

En 1919, cuando las observaciones británicas de un eclipse solar confirmaron sus predicciones acerca de la curvatura de la luz, fue idolatrado por la prensa. Einstein se convirtió en un icono popular de la ciencia y se hizo mundialmente famoso, un privilegio al alcance de muy pocos científicos.

El legado Curie

La última etapa de la vida de María Curie está marcada por sus viajes. A los cincuenta y cinco años, a pesar de su delicada salud, María emprende –acompañada de sus hijas– una serie de viajes con misiones internacionales: Brasil, Holanda, Escocia, Dinamarca, Italia, Checoslovaquia, Polonia, España... Reconoce que las relaciones públicas pueden beneficiar a la ciencia, por lo que alterna sus tareas del laboratorio, sus escritos científicos y sus colaboraciones en la Enciclopedia Británica con invitaciones, congresos y conferencias.

Si, en su día, María Curie hubiera patentado el método de obtención del radio, ¡se hubiera convertido en multimillonaria! Pero, generosamente, quiso legar este descubrimiento a la ciencia para que solo la humanidad se beneficiara de ello.

Las hijas de Pedro y María también fueron galardonadas con los Nobel: Irene, casada con Frederic Joliot, recibió el Premio Nobel de Química en 1935. Eva, casada con el diplomático americano H. R. Labouisse, mostró un vivo interés por los problemas sociales, y como Director de la Fundación de los Niños de las Naciones Unidas, su marido recibió el Premio Nobel de la Paz en 1965. Eva es la autora de la biografía más famosa de María Curie.

En su visita a España, María conoció al rey Alfonso XIII.

Del Nobel a profesora de la Sorbona

El 10 de diciembre de 1903 la Academia de Ciencias de Estocolmo anuncia al mundo que el Nobel de Física de ese año ha sido adjudicado por partes iguales a los Curie y a Henri Becquerel por sus descubrimientos sobre la radiactividad.

María y Pedro, enfermos y agotados, no pueden acudir a la capital sueca para recibirlo. Lo recoge en nombre de ambos el embajador de Francia. Ellos irán a Estocolmo más adelante para pronunciar las tres conferencias sobre su descubrimiento que las normas del premio establecen. Tal vez podrán ir en Pascua o en el mes de junio, escribe Pedro al secretario de la Academia.

María sigue enferma y tampoco ha podido acompañar a Pedro a recibir la medalla Davy, muy apreciada en el mundo científico, que les ha concedido la Sociedad Real de Londres, tras las conferencias que dieron en 1903 en la capital británica. La prensa inglesa publica sus fotografías. Les llama los padres del radio y destaca que María es la primera mujer admitida a las sesiones de la Real Sociedad. Es una pionera de la ciencia.

Durante aquella estancia, se hicieron amigos de lord Kelvin y de Hertha Ayrton, la esposa polaca de un profesor inglés, y conocieron al sabio de mayor fama mundial, el neozelandés Ernesto Rutherford, que vivía en Gran Bretaña y trabajó basándose en las investigaciones de los Curie, gracias a las cuales, en 1919, su equipo logró dividir el átomo.

Francia les seguía negando su favor mientras el mundo entero les aplaudía. A Pedro le habían negado la entrada en la Academia de Ciencias francesa y la cátedra de profesor en la Sorbona. Las intrigas en torno a estas candidaturas fueron muy amargas para los Curie.

La celebridad del Nobel les agobia con su carga de correspondencia, periodistas, fotógrafos y compromisos sociales que eluden casi siempre. Cuando en junio de 1904, Pedro habla ante la Academia de Ciencias de Estocolmo, sus palabras llenas de cierto pesimismo producen impacto, pero dos años después cobrarían plena actualidad:

—En manos criminales, el radio podrá quizá llegar a ser muy peligroso y esto nos lleva a preguntarnos si la humanidad saca ventaja del conocimiento de los secretos de la naturaleza, si está bastante madura para aprovecharse de ellos. Yo soy de los que piensan que la humanidad sacará más bien que mal de los nuevos descubrimientos. Sin embargo...

Los setenta mil francos los reciben como si fuese oro y los emplean en mejorar el laboratorio, tomar un ayudante y suspender las clases que Pedro daba en la escuela de física. También dan una fuerte cantidad al sanatorio

de los Dluski y entregan becas para estudiantes polacos, entre otras generosidades.

Estos sabios geniales a los que la humanidad estará eternamente agradecida no tienen el sentido práctico de la vida. Han podido patentar sus métodos para la obtención del radio y amasar una gran fortuna. Podían haber sido los reyes del radio, pero se han negado. Tienen un alto concepto desinteresado de la ciencia. No les cabe en la cabeza sacar provecho personal de ella. No harían nunca una cosa semejante. Obran de común acuerdo. Poco antes de la presentación de la tesis doctoral de María, los Curie habían hablado de este asunto durante uno de sus paseos. Lo contará Eva Curie que se lo oyó decir a su madre y reprodujo esta conversación.

—¿Sabes, María, que la industria del radio va a tomar un gran incremento?, me han escrito desde América preguntando si hemos patentado nuestros métodos de obtención de uranio.

—¿Tú qué opinas?

—Mira, tenemos dos posibilidades. Una, describir sin restricciones nuestros resultados y los procedimientos que hemos utilizado.

—Naturalmente —interrumpe María.

—Y dos, considerarnos como los inventores del radio, patentar nuestra técnica y asegurarnos los derechos sobre su fabricación.

—Imposible, eso sería ir contra el espíritu científico.

Pedro sonríe asintiendo, pero añade:

—Podríamos tener un buen laboratorio, dejar esta vida tan ruda, asegurar el porvenir de nuestros hijos...

—Los físicos publican siempre íntegramente sus investigaciones. Si el radio tiene un interés comercial e incluso sanitario, es cosa aparte. No me parece correcto sacar beneficios. Es que no me parece coherente con el espíritu científico.

Pedro asiente, sonriendo. Está de acuerdo. Piensa lo mismo que ella.

Declara a María que esa noche escribirá a los ingenieros norteamericanos para explicarles gratuitamente los métodos que han utilizado.

La realidad es que el radio ha recorrido un camino de eficacia insospechado. Henri Becquerel y Pedro Curie han sido de los primeros en adivinar sus propiedades para la aplicación médica. Pedro y María ya sabían que las quemaduras en las manos eran debidas al radio. Un día apareció Becquerel por el laboratorio quejándose de la quemadura que los rayos del radio le habían producido. Llevaba en el bolsillo del pantalón un trocito envuelto en papel. Pedro incluso se ha ofrecido como cobaya y se ha radiado la piel y los médicos han estudiado la evolución de la llaga hasta su curación.

Médicos franceses, como Bouchard, Balthazar, y los alemanes Walkhoff y Giesel afirman que el radio tiene propiedades curativas contra el cáncer y otros tumores, además de para ciertas enfermedades de la piel.

María había declarado:

La acción del radio sobre la piel ha sido estudiada por el doctor Daulos en el hospital de San Luis. Sus resultados son alentadores. La epidermis parcialmente destruida por su acción, vuelve a su estado sano.

Aparecen una floreciente industria y comercio del radio que obtiene un valor equiparado al oro. La primera fábrica de radio se instaló en Noget sur Marne, en Francia. El radio es una de las sustancias más caras y un gramo valía entonces setecientos cincuenta mil francos –precio de oro–. ¡Qué fortuna no hubieran obtenido los Curie de haber patentados sus métodos!

Veinte años después María escribirá reconociendo el generoso espíritu de ambos:

«De acuerdo conmigo, Pedro Curie renunció a sacar provecho material de nuestro descubrimiento. No patentamos nada a nuestro favor y publicamos sin reserva alguna el resultado de nuestras investigaciones, así como los procedimientos de preparación del radio. Ha sido un bien para la industria del radio que ha podido desarrollarse primero en Francia y luego en el mundo procurando a los sabios y a los médicos los productos que necesitaban.»

En 1904, nace otra hija, Eva, con gran ilusión de María. Es entonces cuando a Pedro le dan por fin la cátedra de física en la Sorbona y le eligen como miembro de la Academia de Ciencias. Con el Nobel en su vida, los catedráticos y académicos franceses no podían negarse por más tiempo.

Como profesor de la Sorbona Pedro tiene un laboratorio en la calle Cuvier, es mejor que la barraca donde descubrieron el radio, pero no está a la altura ni reúne las condiciones. A Pedro no le satisface, pero acepta y consigue que la universidad nombre a María su asistente jefe con un sueldo. Así reza el documento de la Universidad de Francia:

«Madame Curie, doctora en ciencias, queda nombrada a partir del primero de noviembre de 1904 jefe de trabajos de física (cátedra del señor Curie) de la facultad de ciencias de la universidad de París.»

Con todo, Pedro está desalentado y confiesa a un amigo:

—Me encuentro en malas condiciones para preparar mis experiencias. Doy las clases en la Sorbona y el laboratorio está en la calle Cuvier. Tengo que ir de un lado a otro durante la mañana. No estoy ni bien ni mal pero me canso fácilmente y tengo una escasa capacidad de trabajo. Mi mujer, por el contrario, lleva una vida muy activa entre sus niñas, la escuela de Sèvres y el laboratorio. No pierde ni un minuto.

No sin melancolía, los Curie desalojan la barraca de la calle Lhomond donde descubrieron el radio para instalarse con todos los aparatos e instrumental en las dos piezas de la calle Cuvier.

Viven más desahogados. Se les admira internacionalmente y se ha reconocido su prestigio científico en Francia. Los amigos y familiares opinan que a los Curie les aguarda un futuro prometedor.

No iba a ser así. La tragedia acechaba a esta familia. Pedro muere víctima de un accidente de tráfico. El 19 de abril de 1906, en una jornada lluviosa, cuando regresa de un almuerzo de la Sociedad de física caminando por las calles de París, un pesado coche de caballos le atropella. Las ruedas destrozan la cabeza del sabio.

La noticia llega al bulevar Kellerman. En la casa sólo está el doctor Curie padre, las niñas están con una vecina.

Al enterarse de los detalles, el doctor Curie exclama:

—¡En qué soñaría todavía!

María llega más tarde sin saber nada, abre la puerta del hogar con su llave y encuentra a su suegro con el decano de la facultad, Pablo Appell. Se extraña. Teme algo grave, se pone muy nerviosa, no puede creer lo que le dicen y pregunta:

—¿Pedro está muerto? ¿Realmente muerto?

Desolada, pide que lo traigan a la casa y pasa toda la noche junto a los restos de su esposo. Pese a las presiones oficiales, María sólo acepta un entierro en la intimidad y unos funerales en familia. Pedro recibió sepultura junto a su madre en el cementerio de Sceaux, cerca de París.

El mundo y Francia se conmovieron ante esta desgracia y la pérdida que suponía para la ciencia la muerte de tan gran hombre. Llegan telegramas con palabras de condolencia, tanto de jefes de Estado y de instituciones científicas, como de sabios y de gente común.

Con sus dos hijas, Irene y Eva, María se encierra en su soledad durante las primeras semanas. Vive una fuerte crisis del alma al ver rota la felicidad de once años de feliz matrimonio. Se culpa y se duele de no haberle atendido más, le escribe poesías y cartas en un cuaderno gris:

Pedro, mi Pedro, pienso continuamente en ti, mi cabeza estalla y mi razón se nubla. No comprendo que tenga que vivir desde ahora sin verte, sin sonreír al dulce compañero de mi vida.

Durante las semanas siguientes se dedicaron sesiones científicas en honor a Pedro Curie, tanto en Francia como en todo el mundo occidental. Henri Poincaré, el gran matemático francés, evocaba así a su amigo:

—Todos los que conocieron a Pedro saben cuál era la simpatía y la seguridad de su trato, qué encanto delicado exhalaba, por decirlo así, su dulce modestia, su ingenua firmeza y la elegancia de su espíritu...

Su cuñado Jacques y los amigos de Pedro intentan realizar una suscripción popular para ayudar a María. Ella se ofende y hasta rechaza una pensión del Estado como la concedida a la viuda de Pasteur.

—Es repugnante, yo puedo trabajar.

Al mes siguiente, vuelve al laboratorio. El trabajo es su remedio contra las adversidades. La universidad de París le ofrece ocupar el puesto de Pedro y ella acepta el reto de ser la primera mujer profesora de la Sorbona. Escribe en su cuaderno:

Te hubiera gustado ver las glicinas en flor... Me han nombrado para sustituirte en tu cátedra. Y hay imbéciles que me felicitan.

Para alejarse del escenario donde tan feliz había sido y huir de tantos recuerdos vividos, María deja el hogar del bulevar Kellerman y se instala con su anciano suegro y con sus dos hijas en una casa con amplio jardín cerca de París, en el pueblo donde había nacido su marido. Su nueva dirección es calle del Chemin de Fer 6, Sceaux.

Llama a su lado a una de sus parientas polacas para que sea el ama de llaves y la institutriz de las niñas, mientras ella se entrega al trabajo, aunque ella misma les daba una hora diaria de clase.

Siete meses después de la muerte de Pedro, el 5 de noviembre de 1906, María comienza sus clases en la Sorbona en medio de una gran expectación. Amigos, minis-

tros, condesas, periodistas, estudiantes y hasta las alumnas del colegio de Sèvres llenan el aula de física. María comienza las clases en el punto donde Pedro las dejó.

—Cuando se reflexiona sobre los progresos de la física en la última década, sorprenden las nuevas ideas surgidas en torno a la electricidad y la materia...

Ha empezado a hablar emocionada, con voz trémula, pero poco a poco va recobrando aplomo y serenidad. Al terminar la lección, el aula estalla en aplausos.

Ajena a las cuestiones del feminismo de su tiempo, al que nunca hizo caso ni tuvo en cuenta, María sigue su camino que hace hablar a los demás. Sin embargo su figura es enarbolada por algunos. Por ejemplo, el *Journal*, periódico parisién, escribe un artículo explosivo al día siguiente sólo comprensible desde la mentalidad y la demagogia de una determinada época. En el artículo se leía lo siguiente:

Ha sido una gran victoria del feminismo. Si la mujer es capaz de dar enseñanza superior a estudiantes de ambos sexos, ¿dónde queda la pretendida superioridad del varón? En verdad, os digo que el tiempo está cerca en que las mujeres llegarán a ser seres humanos.

Otra etapa de la vida de madame Curie había comenzado.

Recibe otro Nobel y pasea con Einstein

Los años vuelan, María, sola, continúa siendo la admiración de la comunidad científica internacional por su ingente labor. En 1908 edita *Las obras de Pierre Curie*, recopiladas por ella misma. En las aulas de la Sorbona viene dando el primer y único curso de radiactividad que entonces se daba en el mundo. Y en 1910 publica su *Tratado de radiactividad*, casi mil páginas de texto que reúnen los conocimientos sobre esta materia desde el día en que los Curie descubrieron el radio. Además publica *Clasificación de los radioelementos* y *Tabla de las constancias radiactivas*. Su actividad es incansable.

El laboratorio de la calle Cuvier es frecuentado por un creciente número de becarios atraídos por el prestigio de la doctora Curie que ha preparado el primer patrón internacional del radio, un tubo de vidrio que contiene 21 miligramos de cloruro de radio puro y lo ha depositado en la Oficina de Pesas y Medidas de Sèvres. Acaba de hallar un método para dosificar el radio por la medida de la radiación que desprende, lo que resultaba de gran utilidad para las clínicas que habían estrenado tratamien-

tos anticancerígenos con radio, es decir, lo que se llamará radioterapia. Así establece una unidad de radiactividad para las emisiones de un gramo de uranio, que es una medida empleada actualmente y se denomina la curie.[7]

María avanza en sus propias investigaciones científicas con todas sus fuerzas y con su gran intuición y rigor, aunque echa de menos las consultas y los sabios consejos de Pedro que tanto le falta.

Ante la polémica desatada por su amigo, el físico escocés lord Kelvin, en el diario *Times* y en la revista *Nature*, que pone en duda que el radio sea un elemento nuevo —Kelvin argumenta que emite gas helio, y el helio en sí ya es un elemento—, María junto con su colaborador Andrés Debierne consigue en 1910 obtener radio puro y demostrar que es un metal blanco brillante. También averigua su punto de fusión: 700° centígrados. El reto de lord Kelvin ha sido positivo para la ciencia. María sale ganadora y su fama aumenta.

Tanta actividad científica no le impide ser una madre, austera y rigurosa, pero pendiente de la educación de sus hijas y del bienestar de su suegro, el doctor Curie, cuya compañía y presencia en la casa tanto confortó a María durante los cuatro años que sobrevivió a su hijo (murió en 1910).

Irene y Eva crecen saludables y van demostrando sus aptitudes. Irene, tan parecida a Pedro, seguirá la senda de sus padres, la ciencia física, y llegará a ser una de las

---

7. Una *curie* es la cantidad de sustancia radiactiva en la que 37.000 millones de átomos cambian y se transforman al minuto.

brillantes discípulas de María en el laboratorio de la Sorbona. Irene se casará con el físico Federico Joliot, asistente del laboratorio de su madre. Ambos obtendrán el premio Nobel de química en 1935.

Eva, en cambio, tiene un espíritu soñador y dotes para el cultivo de las artes, ella será quien escriba la primera y mejor biografía de su madre, fuente y referencia de cuanto se ha escrito sobre madame Curie, incluidas estas páginas. Las niñas crecen muy bien atendidas intelectualmente, pero acaso demasiado solas afectivamente, piensa Eva.

Para educarlas, María había creado una especie de cooperativa entre profesores amigos de la Sorbona que llevan a sus hijas e hijos de la misma edad que Irene y Eva a las clases que todos los días les da uno de ellos, incluida María que sabe transmitirles el amor a la ciencia.

Todas las mañanas, los vecinos de Sceaux, ven a esta joven señora de cabellos rubios, ojos claros, muy delgada, enlutada y seria, tomar el tren en dirección a París y subir al departamento de segunda clase. Regresará en otro tren, al anochecer. Pasa el día entre las aulas de la Sorbona de la que es profesora titular y el laboratorio de la calle Cuvier.

Es una vida esforzada, sin duda. No le gusta compartir ni sus penas ni su soledad. Pero tanta exigencia consigo misma le está dejando huellas físicas. Bronia se alarma cuando en uno de sus viajes a París para ver a su hermana se da cuenta de que María tiene un tic nervioso, se frota las manos continuamente e incluso se desmaya con frecuencia.

Los éxitos de María se conocen en los medios científicos y llueven sobre ella nombramientos de academias extranjeras y títulos de universidades europeas y americanas. Francia le ofrece la Cruz de la legión de honor, pero la rechaza en memoria de Pedro, que hizo otro tanto hace años. En cierto modo se siente por encima de los honores que entrañan polémicas en las que media Francia se enfrenta a la otra media. Acepta mejor los premios y honores que le ofrecen en el extranjero, sobre todos si son académicos.

Un episodio desagradable se produce en enero de 1911, cuando un grupo de científicos amigos presentan, contra el deseo de María, su candidatura para la Academia de Ciencias creyendo que no habría obstáculos dada su categoría científica. Ella recuerda cuántas humillaciones tuvo que sufrir Pedro cuando le rechazaron y cómo, sólo tras el Nobel, le aceptaron. Por eso se opone. A pesar de todo, la presentan.

En torno a su candidatura se libra una batalla de prensa terrible. Hay quien se opone a que entre una mujer en la Academia. A los católicos se les dice que María es judía y a los librepensadores se les asegura que es católica. Francia entera se divide. Al fin, por un solo voto María fue rechazada y humillada.

En esa misma época María resulta víctima de otro ataque muy desagradable, tanto que 1911 bien podría calificarse como el *annus horribilis* de madame Curie, aunque como veremos acabará muy bien. La prensa sensacionalista le adjudica injustas historias novelescas con el físico Pablo Langevin, colaborador del laboratorio. Los periódicos llenan páginas y la tratan de extranjera.

La envidia se ensaña con esta gran mujer que enaltece la ciencia en Francia.

Tantas polémicas dejan a María muy afectada y su salud ya delicada se resiente. Ese verano se refugia en la casa que su amiga inglesa Hertha Ayrton tiene en la costa británica.

Meses después, en diciembre de 1911, la Academia de Ciencias sueca, le concede el Nobel de Química por haber conseguido el radio puro y demostrado que es un metal blanco brillante. Con este nuevo Nobel se reconoce los trabajos realizados por la prestigiosa profesora desde la muerte de su esposo. Nunca se volverá a dar el Nobel por segunda vez a un científico.

Este Nobel es muy importante para ella, no sólo porque llega después de tantas polémicas y sinsabores, de muchas amarguras, sino por cuanto realza su capacidad científica personal, tal vez antes demasiado ligada a la de Pedro Curie.

Acude a recogerlo acompañada de su hermana Bronia y de su hija Irene. En el discurso rinde homenaje a su difunto marido y aclara cuál ha sido el trabajo de cada uno de ellos en sus históricos descubrimientos:

He de recordar que los descubrimientos del radio y del polonio han sido hechos por Pedro Curie, de acuerdo conmigo. A Pedro Curie se deben también, en el dominio de la radiactividad, estudios fundamentales que ha efectuado completamente solo, unas veces; en colaboración conmigo, otras; y aun en colaboración con sus discípulos.

El trabajo químico que tenía por objeto aislar el radio en estado de sal pura y de caracterizarlo como un elemento nuevo,

ha sido efectuado especialmente por mí, pero se encuentra íntimamente ligado a la obra común. Creo, pues, que debo interpretar exactamente el pensamiento de la Academia de Ciencias al admitir que la alta distinción de que soy objeto se debe a esta obra común y, constituye, a su modo, un homenaje a la memoria de Pedro Curie.

La María Curie que viaja entonces a Estocolmo es una mujer de cuarenta años gastada por la radiactividad y la dureza de la vida que lleva. Tiene una belleza delicada pero refleja en su rostro timidez y orgullo, una reserva propia de quien ha sido objeto de injusticias, y una serena nobleza.

Su salud no mejora, los riñones están afectados y se somete a una operación que la deja agotada. Le cuesta recuperarse, pero lo consigue. Para ahorrar fuerzas y evitar tanto viaje en tren, deja la casa de Sceaux y se instala con sus hijas en el 38 del Quai Béthune, en el corazón de París, donde vivirá ya hasta el fin de sus días. Tiene el ánimo decaído y sólo la propuesta que le hace la Sociedad de ciencias de Varsovia para que dirija allí un laboratorio de radiactividad la reanima.

Para que regrese a su querida Polonia acude a convencerla una delegación de profesores eminentes. Entre ellos, el escritor Sienkiewicz, autor de la famosa novela *Quo Vadis*. Ella rechaza la oferta, aunque acepta dirigir desde París el laboratorio a cuya inauguración asistirá.

María tiene en esta época un amigo excepcional, el matemático Alberto Einstein, el genial descubridor de la teoría de la relatividad. Con las hijas de ambos hacen montañismo o pasean por los alrededores de París. Son dos mentes preclaras capaces de dialogar sobre los gran-

des misterios de la ciencia. Están de acuerdo al considerar la investigación científica capaz de disminuir la superstición al alentar la razón. Y Einstein confiesa a María que se pregunta a menudo por el sentido de la existencia y que opina que saber responder a esa cuestión es tener sentimientos religiosos. Estas ideas las describirá en su libro *El mundo como yo lo veo*, donde proclama que quienquiera que crea que su propia vida y la de sus semejantes está privada de significado, no sólo es infeliz, sino que apenas es capaz de vivir.

Eva recordará estos paseos, y evocará el día en que agarrando del brazo a María el sabio exclamó:

—¿Me comprende? Tengo necesidad de saber exactamente lo que les sucede a los pasajeros de un ascensor cuando éste cae en el vacío.

Las niñas reían al oírle. En ese ejemplo se encerraba una de las incógnitas de la teoría de la relatividad, que más tarde formularía este sabio alemán de raza hebrea que fue perseguido por Hitler y tuvo que exiliarse a Estados Unidos.

Hablando de María, Einstein había declarado: *es la única persona a la que la gloria no ha corrompido.* La conocía muy bien y este elogio la retrata perfectamente.

Con la salud bastante recuperada, María emprende con mucha ilusión la tarea de vigilar la construcción del laboratorio que el instituto Pasteur le dedica y se denominará Instituto del radio. Abarca un laboratorio de radiactividad que dirigirá ella y un laboratorio de investigaciones sobre el tratamiento del cáncer, dirigido por el profesor Claudio Regaud.

El flamante Instituto se edifica en la calle de Pierre Curie, para mayor satisfacción de nuestra heroína. Por exigencia de su directora se ha instalado un ascensor. Y pese a los gruñidos de algunos arquitectos, María ha logrado que haya jardines entre los edificios. Le sale su pasión por la naturaleza y hace que se planten tilos, plátanos, setos, lilas y rosales, que ella misma cuidará a veces.

En la inauguración, ya en julio de 1914, María Curie utiliza las palabras de Pasteur:

Si las conquistas útiles a la humanidad impresionan vuestro corazón, si estáis emocionados ante los efectos sorprendentes de la telegrafía eléctrica, del daguerrotipo,[8] *de la anestesia y de tantos otros descubrimientos admirables... interesaos, os lo encarezco, por estas moradas que se conocen con el nombre de laboratorios. Pedid que los multipliquen.*

Estas palabras eran un grito para la paz, sin embargo un mes después, ese mismo verano, el 1 de agosto estallaba la Primera guerra mundial, que abrirá un gran paréntesis en las investigaciones de madame Curie.

---

8. Sistema primitivo de fotografía que obtenía las imágenes de la cámara oscura en placas metálicas preparadas.

Heroína de la Gran Guerra

Aquel verano del catorce que se había anunciado para María y sus hijas como un verano feliz, tomó de pronto un giro para ellas inesperado. No se mantenía bien informada sobre la política en Francia y tampoco estaba al día de los problemas de la política internacional. Ni siquiera pensó más allá del criminal acto en sí sobre el terrible suceso que comentaba todo el mundo en la calle y traían todos los periódicos en su primera página. Sin embargo, el asesinato en Sarajevo del archiduque Francisco de Austria por un nacionalista serbio el 28 de junio iba a conducir a la Primera guerra mundial. El chispazo del conflicto austro-serbio en los Balcanes incendiaría toda Europa y Asia. El primer cañonazo cayó sobre Belgrado.

El primero de agosto Alemania declara la guerra a Rusia y el 3 a Francia, el 4 Inglaterra entra en la guerra al lado de Francia. Austria declara el 5 la guerra a Rusia y una semana más tarde Francia e Inglaterra declaran la guerra a Austria. Un año después, en 1915, Italia se pone del lado de Francia e Inglaterra. En 1917, Estados Unidos se une a los aliados.

La Primera guerra mundial duró cinco años. Segismundo Freud la calificó como la más sangrienta y mortífera, más que ninguna de las guerras anteriores. Los historiadores coinciden en que fue el primer conflicto moderno por cuanto se recurrió a la química cuyas innovaciones bélicas poseía Alemania y se multiplicaron los enfrentamientos aéreos y submarinos.

La tecnología basada en los grandes descubrimientos científicos de fin del XIX y principios del XX había proporcionado más capacidad de matar: nueve millones de muertos y seis millones de inválidos fue el balance de la Gran Guerra, como se la denominaba entonces.

A madame Curie esa guerra le pilla preparando las vacaciones de sus hijas Irene y Eva. El 15 de julio las manda a Bretaña con la institutriz mientras ella permanece en París, con planes de acudir a su lado en agosto, cuando empiece la canícula.[9] Está contenta con su flamante laboratorio del Instituto del radio. Sólo piensa en seguir trabajando a la espera de ver cómo evolucionan los acontecimientos que, sin embargo, se complican cada vez más.

El uno de agosto, cuando Alemania ya ha declarado la guerra a Francia, María teme que el conflicto bélico desborde todas las previsiones y que las armas modernas hagan estragos entre los soldados y las gentes de las ciudades. Escribe a sus hijas:

«Estad tranquilas, enviaré por vosotras lo antes posible. Tú, Irene y yo buscaremos la manera de ser útiles».

---

9. Período del verano en que es más fuerte el calor.

A María le inquieta también la suerte que puedan correr sus familiares en Polonia, al conocer las declaraciones favorables a Rusia que se hacen en Francia y las pretensiones rusas de apretar el yugo a Polonia que se había aflojado durante el primer decenio del siglo. Su patriotismo le lleva a hacer declaraciones a la prensa sobre la cuestión polaca y a favor de la soñada independencia.

Todos sus colaboradores y amigos e incluso los becarios del laboratorio son llamados a filas. María busca la manera de aportar su ayuda allí donde pueda ser más útil. Se ofrece a la organización sanitaria llamada El Socorro Nacional.

En seguida encuentra el modo. En los hospitales del frente militar los famosos rayos X que ya se utilizan en los hospitales civiles podrían ser una ayuda preciosa. Pero la organización sanitaria del Ejército no cuenta con instalaciones adecuadas y sólo tienen un coche radiológico. Los hospitales militares que se improvisan en el frente no disponen ni de material ni de personal preparado en este campo. María comprende que ha de ayudar en este terreno. Usando su prestigio y algunas amistades consigue que el Ministerio de la Guerra le dé una orden que le permite actuar en ese sentido.

Necesita coches y se los pide a las damas francesas tocándoles la fibra del patriotismo y prometiéndoles que se los devolverá cuando termine la guerra. Logra que le den algunos y hace que los conviertan en furgones y los prepara como coches radiológicos.

Estaba en estas tareas, cuando la noticia de que el ejército alemán se encuentra a las puertas de París, la lleva a

meter en una maleta los veinte kilos de plomo que rodean ese gramo de radio por ella conseguido, el único que existe en Francia, y huir a Burdeos que es a dónde se trasladan el presidente de la República y el gobierno en pleno. Quiere impedir que lo confisquen los alemanes.

Tiene miedo de que la reconozcan porque no ha olvidado que la consideran una extranjera, pero siente alivio cuando alguien al reconocerla le ayuda a transportar su tesoro. Burdeos está lleno de refugiados y tiene que hospedarse en una casa de familia. Al día siguiente deposita su tesoro en la caja fuerte de un banco. Tranquila, regresa a París en un convoy militar, mientras franceses y alemanes luchan en la batalla de Marne.

Vuelve a sus coches radiológicos. Cada uno va equipado con una dinamo, un aparato de rayos X portátil, material fotográfico apropiado, cables, cortinas, pantallas, guantes de protección. Todo es elemental, pero completo. Al llegar al lugar donde se les necesita, instalan inmediatamente los aparatos en una sala, ponen cortinas o colchas en las ventanas para que no entre la luz, y conectan el cable de aparatos a la dinamo del coche. Entonces el chófer la acciona.

María necesita quien maneje los aparatos, quien instruya a los cirujanos del frente de lo útil que les será localizar las balas antes de operar, necesita chóferes. Entonces ella misma decide aprender a conducir, obtiene el carné y recorre las carreteras de Francia para acudir a donde más se la necesite. Va dispuesta a hacer de todo.

Según su costumbre, se prepara para dar lo mejor de sí misma: se adiestra en el manejo de los aparatos de rayos

X, estudia por libre anatomía y se convierte en una eficaz médico radiólogo.

Ha reunido una flota de veinte coches y personal improvisado. María demuestra ser una gran organizadora. El pueblo francés comienza a admirar a esta mujer de cierta edad y bautiza a esos coches como los pequeños curies. La imagen de esta valerosa mujer con su amplia capa oscura, su sombrerito y su maletín de cuero desgastado, al volante de su Renault radiológico apareció en toda la prensa francesa. María había logrado instalar doscientos puestos fijos de rayos X.

Dicen las crónicas que gracias a los equipos, los curies y los servicios permanentes establecidos por María en los hospitales, se hicieron un millón cien mil radiografías entre 1917 y 1918. Gracias a todo ello se salvaron muchas vidas y la radiología entró en la medicina como un medio imprescindible.

Mientras, Irene trabaja como enfermera y radióloga en los equipos de su madre. Eva sigue sus estudios en París. La generosidad de María llega no sólo a dar sus medallas y condecoraciones de oro ante la petición del Gobierno para ayuda de la guerra, sino que invierte el importe de su segundo premio Nobel que aún tenía depositado en Suecia, en suscripciones nacionales del Estado francés.

El 11 de noviembre de 1918 se firma el armisticio franco-alemán. Había llegado la paz. Una paz amarga e insegura que duraría sólo veintiún años: en el verano del treinta y nueve estallaría otra terrible guerra mucho más cruel, mortífera y destructiva que la que terminaba ahora.

María Sklodowska acababa de cumplir cincuenta y un años, y junto a la alegría por la paz recobrada tiene rachas de tristeza. Su laboratorio está desorganizado; sus investigaciones, paradas; algunos de sus mejores colaboradores han muerto en el frente, ella misma está enferma y agotada; las inversiones en suscripciones nacionales para ayudar a Francia se han perdido, se encuentra arruinada y tiene dos hijas que sacar adelante.

Una de sus primeras tareas es prolongar durante dos años los cursos del Instituto del radio para formar radiólogos. A petición de muchos amigos escribe un libro sobre la radiología y la guerra en el que ensalza el valor de la ciencia aplicada al bienestar humano, tanto como la necesidad de que las naciones potencien la investigación. La ciencia sigue siendo su pasión dominante.

Pero la gran exaltación del fin de la Gran Guerra se la proporciona la independencia de Polonia, su querida patria. Entre los resultados de los tratados internacionales que configuraron el nuevo mapa europeo al acabar la Primera guerra mundial, estaba el reconocimiento de una Polonia independiente. Entusiasmada escribe a su hermano José, utilizando palabras del poeta polaco Adam Mickiewicz:

Así "nosotros, nacidos en la servidumbre, encadenados desde la cuna", hemos visto esta resurrección de nuestro país con la que soñábamos.

La vida sigue, las hijas crecen. El piso del Quai Béthune, tan grande como destartalado, nunca ha tenido decoración de lujo y menos ahora que son años de posguerra. María sigue aferrada al estilo Curie, que combina

la austeridad con la funcionalidad sacrificando a veces lo confortable. Tenía posibilidades de cierto lujo porque era un piso de un sólido edificio del tiempo de Luis XIV, de techos altos y salas inmensas, donde bailan los muebles heredados de su suegro, el doctor Curie. Fiel a sí misma, María sólo se ha permitido una concesión en honor de Eva. Ha comprado e instalado un magnífico piano de cola, donde la adolescente estudia horas y horas.

A la madre le gustaría que Eva estudiase medicina y se especializara en las aplicaciones clínicas del radio: podría hacerlo porque está dotada para las ciencias, pero la joven prefiere el piano y las bellas artes. Irene, en cambio, sigue los pasos de sus padres. Ha escogido la física y trabaja en el laboratorio del Instituto del radio, del que ha sido nombrada preparadora delegada y donde conocerá al joven físico Federico Joliot, asistente del laboratorio, con quien se casará en 1925.

En el piso del Quai Béthune cada una de ellas tiene su «santuario». El de madame Curie, presidido por una foto de su marido, tiene grandes estanterías con libros científicos, una mesa amplia llena de papeles y algunos sillones. Desde la ventana se ve el Sena discurrir apacible o turbulento según los días, pero siempre surcado por los vapores y las barcazas; se ve también un espolón de la isla de la Cité. Es como un cuadro magnífico de París. María se queda a veces como ensimismada contemplándolo. Se comprende que no quiera ocultarlo con cortinas o visillos. Ella goza de ese esplendor.

Con sus hijas pasa los veranos en un pueblecito pesquero de Bretaña. Larcouest, donde un grupo de profe-

sores de la Sorbona se refugian durante los calores estivales. La prensa bautizó el lugar como Fort la Science. Aquello era para los intelectuales como Biarritz para la sociedad burguesa de la Belle époque. Son tiempos felices que dejan en Irene y Eva buenos recuerdos. Llevan una vida sana y sencilla con paseos a pie, baños en el mar, excursiones en barca o en bicicleta. A pesar de su timidez y carácter reservado, María y sus hijas se integran bien en el ambiente de las familias de los veraneantes y de los habitantes del pueblo pesquero. Todos saben quién es esa señora que camina por el pueblo con alpargatas y amplias faldas, acompañada de dos chicas guapas y simpáticas. Todos la saludan con respeto. La gran revelación de esos veranos es que María es una nadadora excelente.

Aclamada como bienhechora de la humanidad

En el Instituto del radio madame Curie es toda una institución rodeada por sus colaboradores y becarios. Su renombre es ya universal. Ella aún no lo sabe, y si se lo dijeran tampoco lo creería, piensa que su vida está repartida definitivamente entre sus hijas y sus investigaciones, entre París y Larcouest —y Polonia alguna vez—, sin embargo va a empezar en 1921 una nueva etapa muy fructífera de su vida: la de los viajes, la etapa de una presencia internacional que ella aprovechará para promover la ciencia al servicio de la humanidad.

Comienza el día en que llega al despacho de María la señora Mattingley, empresaria y periodista norteamericana, directora de una popular revista, que lleva años esperando la autorización para entrevistar a madame Curie tan reacia a las entrevistas de la prensa. La admira y la quiere conocer en persona a toda costa.

La tenacidad de la americana vence a la terca timidez de la polaca gracias a las cartas credenciales entregadas por un profesor de física conocido de ambas.

Son dos mujeres luchadoras las que se encuentran frente a frente. La americana, de figura menudita pero con mucho mundo, con experiencia de gran reportera, se siente intimidada por madame Curie, que vestida sobriamente de gris, se ha puesto en pie y le tiende la mano con aire ausente y reservado. Una mano callosa y profundamente quemada por el radio. Es un momento importante porque va a empezar entre ellas una entrañable amistad. La señora Mattingley, a quien en la intimidad le dicen Missy, será como un hada madrina para la veterana científica. Los detalles de la entrevista los cuenta Missy en sus reportajes para la prensa norteamericana.

El diálogo entró a fondo desde el primer momento. Missy va al grano como buena reportera, mientras toma notas observa la gentileza de María que le habla en inglés y no deja de frotarse las manos durante toda la conversación, como si fuera un tic.

—En América existe mucho interés por su obra, señora Curie.

—Creo que en América tienen cincuenta gramos de radio entre varias ciudades y laboratorios.

—Y en Francia ¿cuántos tienen?

—Mi laboratorio tiene poco más de un gramo.

—¡Cómo es posible que usted no tenga más que un gramo de radio! —exclama la periodista.

—No, no es mío, es del laboratorio —puntualiza María.

Missy se asombra. María sonríe. Siguen la conversación y la periodista cierra la entrevista lanzando una pregunta atrevida:

—¿Qué pediría usted a América?

—Necesito un gramo de radio para continuar mis investigaciones. No puedo comprarlo porque es muy caro.

En efecto, el gramo de radio que posee el laboratorio se dedica a la preparación de tubos de emanación para los tratamientos médicos. Y el gramo de radio vale en ese año de 1920 cien mil dólares.

Missy se asombra una vez más de que la descubridora del radio tenga esas dificultades y audazmente le promete:

—Las mujeres de América le regalarán el gramo de radio que necesita, pero tendrá que ir a recogerlo en persona.

María, un poco asustada de su propia audacia, quiere evitarle el compromiso, pero la americana lo toma en serio y no admite las nuevas súplicas de la científica.

Al regresar a Estados Unidos, para poder cumplir su promesa, Missy, que tiene sólidas relaciones políticas, crea un comité y monta una campaña nacional dirigida a todas las mujeres norteamericanas a través de la María Curie Radium Fund. Obtiene una respuesta impresionante.

Antes de que haya pasado el año de la entrevista, la señora Curie recibe un telegrama de Missy anunciándole que ya tiene el gramo de radio y que prepare el viaje para recogerlo. María no pensaba que todo iba a ocurrir tan de prisa, teme viajar y dejar su rutina del laboratorio. Contesta con evasivas y la excusa de que no quiere separarse de sus hijas. Desde América le replican:

—Venga con sus hijas. El presidente de Estados Unidos en persona le entregará el gramo de radio en la Casa Blanca.

En mayo de 1921, la señora Curie, acompañada por sus dos hijas y por Missy que ha ido a París a recogerla, embarca en el transatlántico *Olympic* para hacer la larga travesía. Es como un milagro.

La estatua de la Libertad aparece entre las nieblas del amanecer cuando el *Olympic* entra en el puerto de Nueva York, Irene y Eva que, a sus veinticuatro y dieciséis años respectivamente, están muy contentas con este viaje, meten prisa a su madre que casi no se atreve a salir del camarote.

—¡Ya hemos llegado! ¡Eso es Nueva York!

La mole del transatlántico atraca en el muelle donde bulle el gentío esperando a los pasajeros que, acodados a las bordas, viven la escena como protagonistas y miran hacia abajo donde las banderas y serpentinas dan la bienvenida a los recién llegados.

En el muelle una multitud espera a la señora Curie con banderolas y le aclama como bienhechora de la humanidad, mientras los fotógrafos de prensa, los periodistas y los cámaras de cine a los que se ha autorizado para subir al barco, la rodean y se atropellan entre sí para acercarse más. Missy consigue poner orden, organiza una breve rueda de prensa y, por fin, el desembarco se hace sin dificultad.

Ciudades, colegios, universidades, fábricas, figuran en el programa de actividades de las seis semanas que las Curie permanecieron en América. Recorrieron desde Boston hasta Texas.

Con su aspecto reservado, frágil y modesto; despreocupada por su aspecto exterior, carente de vanidad, María

suscitaba un movimiento de masas que su hija Eva definía como «ternura colectiva». Además, América, la nación más capitalista del mundo, que profesa una fe firme en el beneficio conseguido con el propio esfuerzo, admira, sin embargo, el idealismo y la generosidad de esta mujer ilustre que no ha querido beneficiarse ni lucrarse con sus descubrimientos. ¡Ah, si hubiera patentado en su día sus métodos para la obtención del radio! Ahora sería multimillonaria y le llamarían la reina del radio, pero el alto sentido de la ciencia como patrimonio de la humanidad que poseía el matrimonio Curie no lo consentía.

Missy no sale de su asombro cuando la víspera de recibir el gramo de radio de manos del presidente Harding en la Casa Blanca, María exige que se cambien los términos del certificado de donación porque de lo contrario ella no puede aceptarlo. Es la generosidad científica de María que se manifiesta una vez más.

El radio que me regalan los Estados Unidos de América debe pertenecer para siempre a la ciencia: mientras viva lo utilizaré yo, pero después de mi muerte no debe ser para mis hijas, ni para mis herederos, sino para el laboratorio.

Este primer viaje, con su baño de masas, hace recapacitar a madame Curie. Ha aprendido que las relaciones públicas pueden ser buenas para la ciencia. Desde ese momento decide apoyar con su prestigio, con su nombre e incluso con su presencia todo proyecto que merezca la pena. Y aceptar ciertas generosidades que antes rechazaba por su innata modestia.

A sus cincuenta y cinco años, a pesar de su delicada salud, María emprende con espíritu de sacrificio una etapa

de viajes con misiones internacionales: Brasil, Holanda, Escocia, Dinamarca, Italia, Checoslovaquia, Polonia, España, entre otros destinos. No rechaza invitaciones, ni congresos ni conferencias, alternando sus tareas del laboratorio, sus escritos científicos y sus colaboraciones con la *Enciclopedia británica*.

En 1920, el barón de Rotschild, famoso multimillonario norteamericano, crea y financia la Fundación Curie. Dos años después, en mayo, el Consejo de la Sociedad de Naciones, antecedente de la ONU, nombra a María Curie miembro de la comisión internacional de cooperación intelectual. A esta comisión pertenece ya su amigo el matemático alemán, Alberto Einstein, cuya teoría de la relatividad ha revolucionado las ciencias físicas, y el gran filósofo francés de origen hebreo Henry Bergson, a quien debemos la superación del positivismo de Comte y la reivindicación para la filosofía de una orientación del espíritu hacia el absoluto. Bergson definió al hombre como impulso vital y se convirtió al cristianismo.

María llegó a ser la vicepresidenta de la comisión. Ella entiende su misión como un medio para promocionar vocaciones científicas. Como la idealista práctica que ha sido desde su adolescencia, está convencida de que la ciencia ayuda al progreso de la humanidad. Dice a quienes le escuchan:

—Cada hombre y cada mujer que formamos en el espíritu científico es un servidor de la humanidad.

Su salud es cada día más delicada y sus ojos pierden visión, pero prefiere que nadie se entere, que no digan que

la señora Curie está acabada, porque tiene mucho que hacer todavía. Por eso en la mayor intimidad se opera de unas dobles cataratas atendida por sus hijas y exige a médicos y clínica total discreción. La recuperación es lenta pero gracias a las gruesas gafas consigue reanudar sus actividades.

Ha decidido que su amada Polonia tiene que tener un instituto del radio y encarga a su hermana Bronia una campaña que, en su nombre, pida a todos los polacos un ladrillo para el instituto de María Sklodowska-Curie. La campaña obtiene un enorme éxito y María tiene que viajar a Varsovia para la colocación de la primera piedra.

Naturalmente hace falta un gramo de radio para el laboratorio del Instituto de Varsovia. Y para conseguirlo acude a su amiga la periodista norteamericana, a la que promete viajar de nuevo a Washington para recogerlo en nombre de Polonia. Missy sabe que María está enferma e intenta disuadirla del viaje diciéndole que no es necesario, que se lo llevarán. Pero María con su habitual tenacidad insiste en su idea.

El presidente Hoover le invita a hospedarse en la Casa Blanca. El viaje se realiza en 1929. Tres años después, María inaugura el Instituto del radio de Varsovia que ya tiene su gramo de radio y pasea melancólica por las orillas del Vístula y por los parques donde jugaba con sus hermanos de pequeña. Ésta será la última visita a su patria.

La Fundación Curie organiza la celebración de los veinticinco años del descubrimiento del radio y el Gobierno francés aprueba una recompensa nacional para María de

cuarenta mil francos que podrán heredar sus hijas. Con este motivo escribe:

He dedicado mucho tiempo a la ciencia porque quise hacerlo y porque me interesaba la investigación. Pero lo que deseo para mis hijas y para todas las mujeres es una vida familiar llena y un trabajo que les interese.

El 24 de abril de 1931 María viaja a Madrid en su primera visita a España. *ABC* le dedica una portada a la descubridora del radio que ha venido a dar conferencias en la Residencia de Estudiantes y en la facultad de ciencias. Es una gran fotografía casi de cuerpo entero en la que se la ve de pie, con aspecto severo, el pelo recogido en un moño. Al pie de la foto se lee: «Madame Curie, huésped de honor de la nación».

El cronista del citado diario madrileño recoge las palabras de la insigne profesora Curie que introducen al auditorio, reunido en el salón de actos de la Residencia de Estudiantes, en uno de los grandes misterios del universo, el electrón, que es una parte infinitesimal del átomo y que alrededor del núcleo forma un verdadero sistema planetario. Volvió en 1933 para participar en un debate sobre el porvenir de la cultura. Paul Valery, el gran poeta, abrió la sesión aludiendo a los *quijotes del espíritu…*

María tiene una de las mayores satisfacciones de su vida al asistir en 1934 a la sesión de la Academia de Física en la que su hija Irene junto con su marido Federico Joliot exponen los fenómenos de la transmutación de átomos y la radiactividad artificial: ciertas sustancias se transforman en elementos radiactivos si se bombardean con los rayos de los radioelementos. Pero ya no estará para ver

cómo un año después ambos reciben el Nobel de física, en 1935, por sus investigaciones.

María a sus sesenta y seis años, se cansa, se siente muy fatigada, hace ya tiempo que le han encontrado cálculos en la vesícula y a veces piensa que debe jubilarse y dedicarse a cuidar el jardín y a escribir libros científicos, pero no sabe vivir sin el laboratorio donde pasa la jornada entera. Echa de menos a sus hermanos de Varsovia y escribe a Bronia con nostalgia:

Créeme, la solidaridad familiar es, de todas maneras, el único bien. Yo estoy privada de ello y por lo tanto lo sé.

Una tarde, estando en el laboratorio se siente febril y decide volver a casa. Piensa que tiene gripe. Cuarenta grados de fiebre alarman incluso a la propia María. Los médicos opinan que se ha recrudecido la tuberculosis juvenil que padeció. Recomiendan un sanatorio. La enferma acepta. Viaja con su hija Eva y una enfermera hasta Sancellemoz, en la Alta Saboya. Después de varios análisis y pruebas, los médicos diagnostican una anemia perniciosa y galopante. También encuentran que la médula ósea está afectada y alterada por las radiaciones recibidas durante su vida. No hay remedio para tantos males. Es el final.

En sus últimos días la enferma divaga. A pesar de su fragilidad tiene un corazón fuerte que se resiste a dejar de latir. Cuando Eva le trae un té, ella pregunta como saliendo de un sueño:

—¿Está hecho con radio o con mesotorio?

Se ha encerrado en sí misma. Su vida se va apagando. A médicos y enfermeras les pide que la molesten menos y la dejen descansar.

El 4 de julio de 1934 fallece en brazos de sus hijas, Irene y Eva. La entierran en Sceaux, junto a Pedro, con un puñado de tierra polaca que Bronia y José han traído desde Varsovia.

En la introducción a la biografía que escribió de su madre, Eva Curie ofrece este testimonio:

"Cuando yo nací, mi madre tenía treinta y siete años. Cuando estuve en edad de conocerla bien, era una anciana ilustre. Y no obstante, fue la «ilustre investigadora» lo que más me extrañó de ella, sin duda alguna porque la idea de serlo no ocupaba el espíritu de María Curie. En cambio me parece haber vivido siempre al lado de la estudiante pobre y soñadora que fue María Sklodowska, mucho antes de que yo viniera al mundo."

Esta idea de la gran mujer que fue madame Curie, se ha visto durante 1998, efeméride del descubrimiento de la radiactividad y anuncio de la existencia del radio, en un momento propicio para realizar una revisión de su vida. De su obra nada cabe tocar. Y, respecto a su vida, aunque algunos pretenden presentarla como menos heroica, ¿quién puede oscurecer o escamotear la realidades de unos hechos heroicos?

La realidad es que María Sklodowska-Curie ha pasado a la historia como la pionera de las ciencias, como una de las grandes figuras del siglo XIX y primer tercio del XX, que revolucionaron el saber de la humanidad.

El descubrimiento del radio y la comprensión de la radiactividad, que fue obra de María y Pedro Curie, ayudó a investigar la naturaleza de los átomos, permitió dividirlos y reunirlos consiguiendo en tal proceso liberar

diferentes formas de energía, de luz y de calor, todas con riesgos y ventajas para la humanidad. La bomba atómica o la llamada energía nuclear no hubieran sido posibles sin los descubrimientos de los Curie conseguidos esforzadamente en aquella barraca de París hace ahora un siglo.

Cronología

1850 Muere el físico y químico Louis-Joseph Gay-Lussac, que descubrió la ley de la dilatación de los gases.
Se inventa la bicicleta.

1854 Pío IX define el dogma de la Inmaculada.

1855 León XIII escribe la primera encíclica social, *Rerum Novarum*.

1859 Nace en París Pedro Curie.

1860 Se inventa la máquina de escribir.
Se inventa el generador eléctrico.

1863 Eduardo Manet, *Desayuno sobre la hierba*. Nace el impresionismo.

1865 Lewis Carroll escribe *Alicia en el país de las maravillas*.

1867 Se inventa el teléfono.
Nace en Varsovia María Sklodowska.

1868 Isabel II sale de España y se instaura la Primera República.

1872 Claude Monet, *Amanecer*. Impresionismo.

1873 Benito Pérez Galdós publica *Trafalgar*, primer volumen de los *Episodios Nacionales*.

1874 Restauración de la monarquía española constitucional en Alfonso XII.

1878 Muere la madre de María, la señora Sklodowska, víctima de la tuberculosis.

1881 Muere Dostoievski.

1885 Karl Benz fabrica el primer coche con motor de gasolina de cuatro tiempos.

1886 Alfredo Nobel, químico, fundador de los premios que llevan su nombre, descubre un tipo de explosivo sin humo.

María se traslada a Szczuki para trabajar como institutriz.

1889 La torre Eiffel se construye en París para la gran Exposición Universal.

1891 María Sklodowska llega a París y comienza sus estudios universitarios en la Sorbona.

1894 María Sklodowska, licenciada ya en ciencias físicas y en ciencias matemáticas, conoce a Pedro Curie.

1895 Muere Isaac Peral, ingeniero español inventor del submarino.

María y Pedro Curie se casan en Sceaux.

1896 Los hermanos Lumière culminan el invento del cinematógrafo.

Se inventa el avión, el *Flyer I* de los hermanos Wright.

El cinematógrafo, el invento de los hermanos Lumière, se presenta en Madrid y Barcelona.

1897 Nace Irene Curie, primera hija de María y Pedro.

1898 España pierde Cuba y Filipinas.

Los Curie descubren el radio y el polonio.

1900 Pío Baroja publica *Vidas sombrías*.

1901 Muere la reina Victoria de Inglaterra.

1902 Los Curie logran, por fin, el primer gramo de radio de la historia.

1903 José Martínez Ruiz, Azorín, escribe *Las confesiones de un pequeño filósofo*.

Muere el padre de María, el profesor Sklodowski.

María presenta su tesis doctoral en la Sorbona y consigue la mención de muy honorable.

La Academia de Ciencias de Estocolmo adjudica el Nobel de Física a los Curie y a Henri Becquerel.

1904 Nace la segunda hija de los Curie, Eva.

Pedro consigue la cátedra de física de la Sorbona y le eligen como miembro de la Academia de las Ciencias.

1905 Albert Einstein, físico y matemático alemán, publica sus primeros trabajos sobre la teoría de la relatividad.

José Echegaray recibe el Nobel de Literatura junto a la poetisa chilena Gabriela Mistral.

1906 Muere Pedro Curie, atropellado por un coche de caballos.

1907 Pablo Picasso pinta *Las señoritas de la calle Avignon*. Nace el cubismo.

1908 Antoni Gaudí comienza en Barcelona la construcción del templo de la Sagrada Familia.

Se publican *Las obras de Pierre Curie*.

1909 Semana trágica de Barcelona.

1910 Nace en la antigua Yugoslavia Teresa de Calcuta, fundadora de las Misioneras de la Caridad.

Enrique Granados compone para piano su *Goyescas*.

María Curie publica su *Tratado de radiactividad*.

1911 La Academia de Ciencias de Estocolmo concede el Nobel de Química a María por haber conseguido el radio puro.

1912 Antonio Machado publica *Campos de Castilla*.

1914 Se inaugura el Instituto del radio, un laboratorio para María Curie que le dedica el instituto Pasteur.

Comienza la Primera guerra mundial.

Juan Ramón Jiménez escribe *Platero y yo.*

1915 Charles Chaplin protagoniza *El vagabundo*, su primera obra maestra.

1916 Manuel de Falla estrena en Madrid el ballet *El amor brujo.*

1917 Juan de la Cierva inventa el helicóptero.

Revolución de Octubre en Rusia.

Walt Disney realiza su primera película de dibujos de Mickey Mouse.

1918 Termina la Primera guerra mundial.

1919 Nace en Polonia Karol Wojtyla que será Papa con el nombre de Juan Pablo II.

1921 María Curie empieza una serie de viajes para promover la ciencia al servicio de la humanidad.

1925 Pío XI canoniza a Teresa de Lisieux.

1927 Primer reloj basado en las propiedades de regulación del cuarzo.

Cecil B. de Mille dirige *Rey de Reyes.*

1928 El cine, hasta entonces mudo, empieza a hablar.

José María Escrivá de Balaguer funda el Opus Dei.

1929 Pío XI firma los Pactos de Letrán. Se crea el Estado de la Ciudad del Vaticano.

1930 Karl Landsteiner recibe el Nobel por su descubrimiento de los grupos sanguíneos humanos.

1931 Alfonso XIII se exilia al instaurarse la Segunda República española.

Pío XI condena la violencia del fascismo en la encíclica *Non abbiamo bisogno.*

María Curie viaja a España.

1933 Federico García Lorca estrena *Bodas de sangre*.

1934 George Bernanos escribe *Diario de un cura de aldea*.
María Curie fallece.

1935 Irene Curie y su marido Federico Joliot reciben el Nobel de física.

1936 Comienza la Guerra civil española.

1937 Pío XI condena los errores del nazismo en la encíclica *Mit brennender Sorge*.
Pío XI condena los errores del comunismo ateo en la encíclica *Divini Redemptoris*.

1939 Empieza la Segunda guerra mundial.

1940 Charles Chaplin dirige y protagoniza *El gran dictador*.

1941 Maximiliano Kolbe muere mártir en Auschwitz, dando su vida por la de un compañero del campo de concentración.

1942 Edith Stein, carmelita judía convertida al catolicismo, muere mártir en Auschwitz.

1945 Dos bombas atómicas lanzadas sobre Japón ponen fin a la Segunda guerra mundial.

1948 Declaración universal de los derechos humanos.

Índice

Colección biografía joven

1. **Pasión por la verdad (San Agustín)**
   Autor: Miguel Ángel Cárceles. Ilustrador: J. Gual

2. **El joven que llegó a Papa (Juan Pablo II)**
   Autor: Miguel Álvarez

3. **El primer blanco en el Oeste (Cabeza de Vaca)**
   Autor: Miguel Álvarez

4. **La madre de los más pobres (Teresa de Calcuta)**
   Autora: María Fernández de Córdova

5. **La descubridora del radio (María Curie)**
   Autora: Mercedes Gordon

6. **Un genio de la pintura (Velázquez)**
   Autora: Mercedes Gordon

7. **Camino de Auschwitz (Edith Stein)**
   Autora: María Mercedes Álvarez

8. **La formación de un imperio (Carlos V)**
   Autor: Godofredo Garabito

9. **Los pastorcillos de Fátima (Lucía, Francisco y Jacinta)**
   Autor: Miguel Álvarez

10. **Un arquitecto genial (Antoni Gaudí)**
    Autor: Josep Maria Tarragona

11. **Un corazón libre (Martin Luther King)**
    Autor: José Luis Roig y Carlota Coronado

12. **Una vida para la música (Johann Sebastian Bach)**
    Autora: Conchita García Moyano

13. **El hijo del trueno (San Juan de Betsaida)**
    Autor: Miguel Ángel Cárceles